ビジュアル版

一冊でつかむ聖書

監修 保坂俊司

河出書房新社

はじめに
――聖書には何が書かれているのか？

みなさんは、「聖書」と聞いてどんな書物を想像しますか？

日本人にとってはキリスト教の聖典としていう印象が強く、多くの方は小難しいキリスト教の教義が書かれていると思われているのではないでしょうか。

ただし、ひと口に聖書といっても、大きく旧約聖書と新約聖書に分かれています。

まず旧約聖書は、「創世記」や「出エジプト記」、数々の預言書など、39の書から成り、「エデンの園」や「ノアの大洪水」「バベルの塔」など、誰でも一度は耳にしたことがある物語が含まれています。神の手による世界及び人類の誕生に始まり、神に選ばれたイスラエル民族の興亡の歴史が、神との交流のなかで語られ、イスラエル人の王国の滅亡の後、彼らに救いをもたらす救世主の到来を預言して終わります。

もう一方の新約聖書は、旧約聖書で約束された救世主を、ユダヤのベツレヘムに生まれたイエスと位置付け、その生涯を描いた4つの「福音書」を中心とし、イエス昇天後の使徒たちの布教活動を記した「使徒言行録」と手紙、そして世界の終わりと最後の審判について記す「ヨハネの黙示録」など、27の書から成り立っています。「受胎告知」や「最後の晩餐」「最後の審判」などの話はこの新約聖書中の物語です。

いわば聖書は数多くの書物の複合体であり、世界の始まりから終わりまでを記す壮大な物語といえるでしょう。

こうした聖書を聖典とするのがキリスト教と、その母体となったユダヤ教です。ただし、

聖書の構成 ※分類の仕方は諸説あり

旧約聖書
（全39書）
創世記
出エジプト記
レビ記
民数記
申命記
ヨシュア記
士師記
ルツ記
サムエル記［上］
サムエル記［下］
列王記［上］
列王記［下］
歴代誌［上］
歴代誌［下］
エズラ記
ネヘミヤ記
エステル記
ヨブ記
詩編
箴言
コヘレトの言葉
雅歌
哀歌
ダニエル書
イザヤ書
エレミヤ書
エゼキエル書
ホセア書
ヨエル書
アモス書
オバデヤ書
ヨナ書
ミカ書
ナホム書
ハバクク書
ゼファニヤ書
ハガイ書
ゼカリヤ書
マラキ書

律法（五書）
モーセが著したといわれる５つの書で、ユダヤ教の基本的な聖典とされる部分。神との間に結ばれた契約が詳細に記される。

歴史書
イスラエルの民のカナン侵攻から、ダビデ・ソロモンが治めたイスラエル統一王国の繁栄と滅亡、バビロン捕囚と解放までの歴史が描かれる。

諸書・文学
人生の教訓や世の中を渡る上での知恵、愛や哀しみの歌が収録される。

預言書
歴代の預言者たちが語った神の意志と、預言者の言行録が記される。

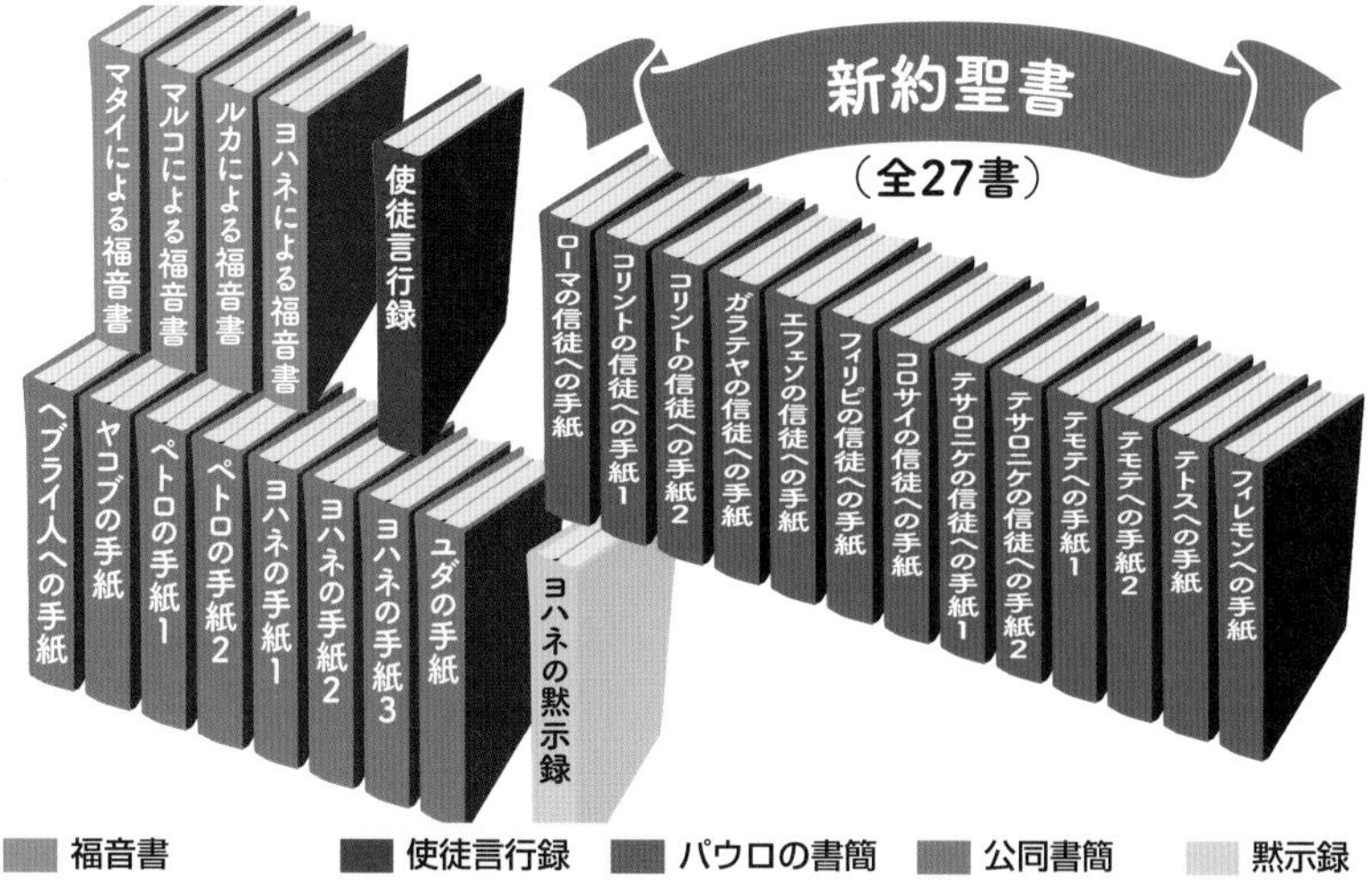

新約聖書
（全27書）
マタイによる福音書
マルコによる福音書
ルカによる福音書
ヨハネによる福音書
使徒言行録
ローマの信徒への手紙
コリントの信徒への手紙1
コリントの信徒への手紙2
ガラテヤの信徒への手紙
エフェソの信徒への手紙
フィリピの信徒への手紙
コロサイの信徒への手紙
テサロニケの信徒への手紙1
テサロニケの信徒への手紙2
テモテへの手紙1
テモテへの手紙2
テトスへの手紙
フィレモンへの手紙
ヘブライ人への手紙
ヤコブの手紙
ペトロの手紙1
ペトロの手紙2
ヨハネの手紙1
ヨハネの手紙2
ヨハネの手紙3
ユダの手紙
ヨハネの黙示録

福音書
イエスの言動や、その死に至るまでを記した書物。イエスの救い（福音）を４人の記者それぞれの視点から叙述する。

使徒言行録
イエス昇天後の弟子たち、および教会の伝道の様子を記す。

パウロの書簡
パウロの伝道の生涯の中で記された書簡の集成。ただし、パウロの時代より後世に書かれたものもある。

公同書簡
十二使徒が記した書簡の集成とされる。ただし、使徒の名を借りて書かれたものもある。

黙示録
人類の滅亡と最後の審判を描いた新約聖書唯一の預言書。

聖書の成立過程 —1000年をかけて成立した聖典

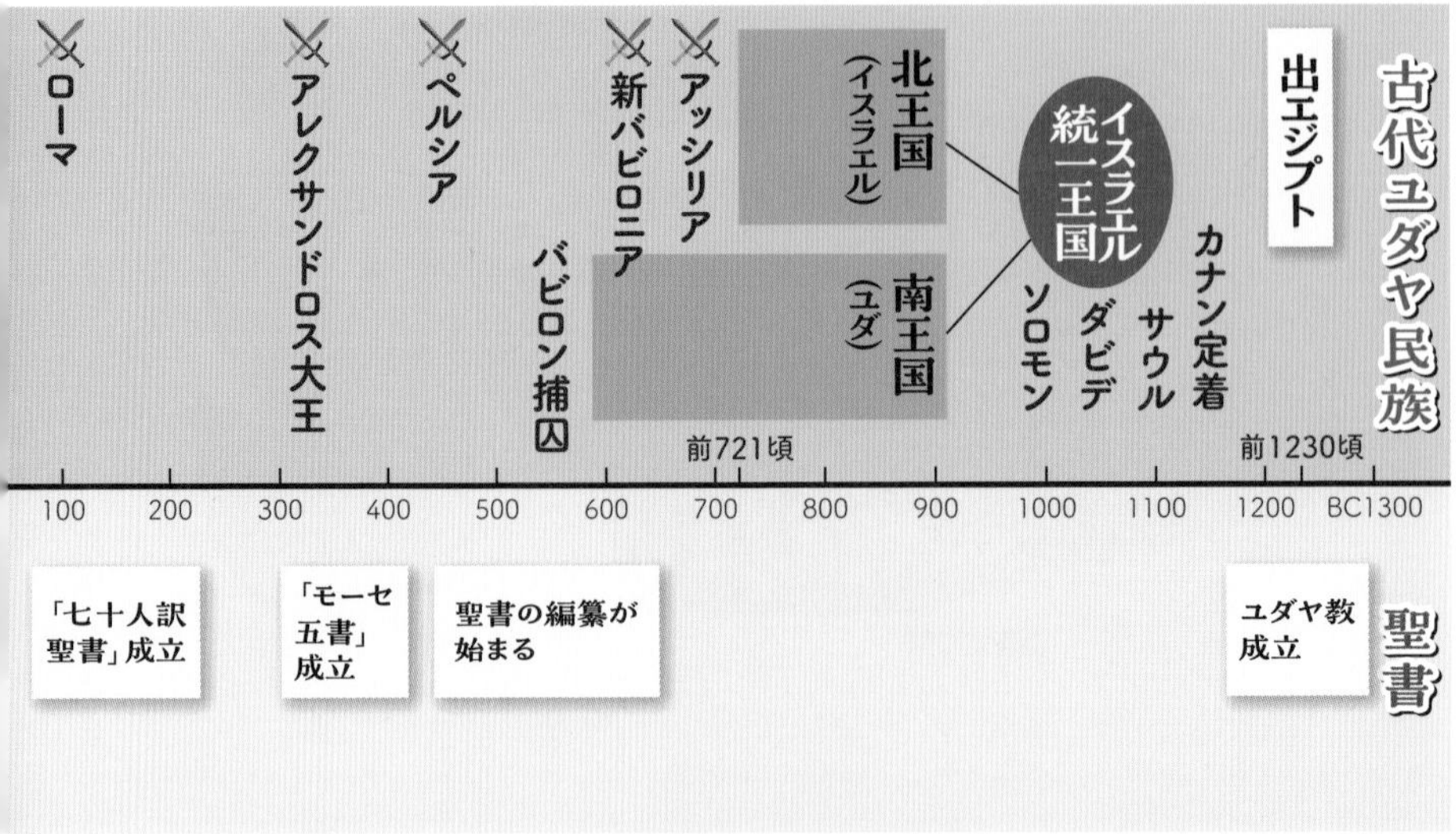
古代ユダヤ民族
出エジプト
カナン定着
サウル
ダビデ
ソロモン
イスラエル統一王国
北王国（イスラエル）
南王国（ユダ）
アッシリア
新バビロニア
バビロン捕囚
ペルシア
アレクサンドロス大王
ローマ
前1230頃
前721頃
100 200 300 400 500 600 700 800 900 1000 1100 1200 BC1300
聖書
ユダヤ教成立
聖書の編纂が始まる
「モーセ五書」成立
「七十人訳聖書」成立

ユダヤ教においてはイエスを救世主と認めておらず、あくまで旧約聖書のみを聖典とします。

もうひとつ、聖書を読み解くうえで重要なカギとなるのが「契約」の概念です。

聖書の「旧約」「新約」の「約」も、実は「契約」を意味しているのです。

ただし、この契約は現代のような相互的な関係ではなく、「神に従い律法に忠実であれば民に幸福が約束されるが、忠実でなければ禍《わざわい》が降りかかる」という一方的な契約です。契約は神によって一方的に示され、人間はそれにひたすら従うのみなのです。

また、「旧約」「新約」の定義はあくまでキリスト教から名づけられた名称でしかありません。

そもそもの契約（旧約）は、神がシナイ山においてモーセを通じてイスラエルの民と結んだ契約であり、やがて民は契約を破り、罰として国家滅亡とい

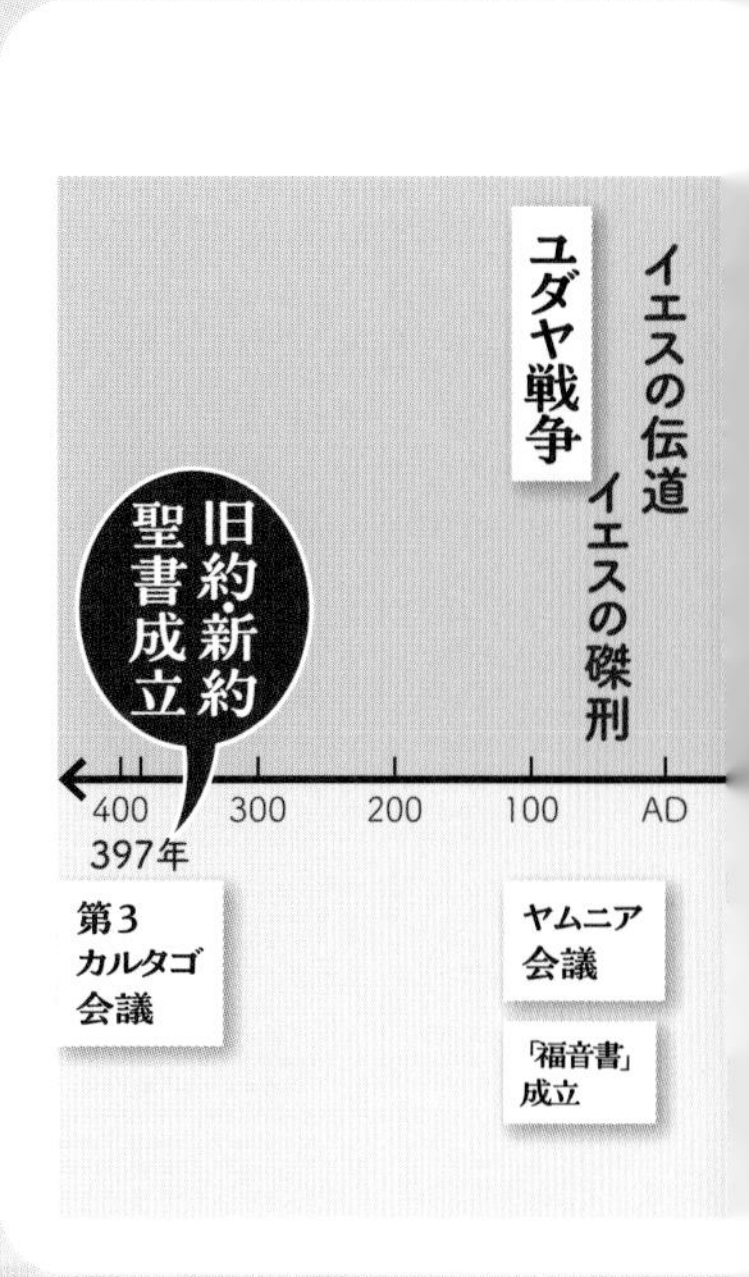
イエスの伝道
イエスの磔刑
ユダヤ戦争
旧約・新約聖書成立
400
300
200
100
AD
397年
第3カルタゴ会議
ヤムニア会議
「福音書」成立

う禍を被りました。そして、神が新しい契約を結び、罪の赦しと救いがもたらされるだろうというのがユダヤ教の捉え方です。

それに対しキリスト教は、救世主イエスが十字架にかけられることで契約の犠牲《いけにえ》となり、旧約聖書にある「新しい契約」を、全人類と神との間の契約という形で成就させたと解釈されています。

これで聖書が読みやすいものに見えてきたのではないでしょうか。

聖書はキリスト教を信仰する西洋人のアイデンティティ、考え方の源泉となっており、聖書を知ることは、彼らを理解するひとつのカギとなります。また、西洋の絵画や彫刻、さらには大聖堂などの建築に触れるうえで、聖書の知識があるとその楽しみも大いに深まることでしょう。

とはいえ、聖書は膨大な量の文書から成っており、一朝一夕に読み切れるものではありません。そこで本書は聖書の重要なエッセンスを抜き出し、絵画を用いた図解とともにそのあらすじをわかりやすく解説しました。聖書への理解を深め、西洋文明の源泉に触れることで人生を豊かにする一助となれば幸いです。

もくじ

第2部 新約聖書

第1章 救世主イエスの誕生

第2章 イエスの伝道活動

ピクトグラムでイッキに押さえる！
聖書の物語

天地創造に始まり、果てしなく続く聖書の物語——。
でも、よく知られた重要な物語だけを俯瞰すれば、
すぐにその内容の根幹を押さえることができます。
まずはピクトグラムとともに聖書の流れをつかみましょう！

1 天地創造

▶P20

神が6日間にわたって世界とあらゆる生き物を創造し、7日目に休息する。

2 エデンの園

▶P22

地上の楽園を管理する初めての人類アダムのために、神は女エバを創造する。

3 楽園追放

▶P22

蛇にそそのかされて善悪の知識の木の実を食べた人類が楽園を追放される。

4 カインとアベル

▶P23

アダムとエバの子カインが弟のアベルに嫉妬し、人類初の殺人を犯す。

5 ノアの箱舟

▶P24

堕落した人類が大洪水によって滅亡。箱舟に乗って逃れたノアの一家だけが助かる。

6 バベルの塔

▶P26

天に届く塔を建てようとした人類に対し、神は異なる言語を与えて混乱をもたらす。

7 アブラムの旅

▶P28

ウルを旅立ったアブラム（アブラハム）が、神からカナンの地を与えられる。

8 ソドムとゴモラ

▶P30

悪徳の町ソドムとゴモラが神の鉄槌によって滅ぼされ、ロト一家だけが助けられる。

9 イサクの犠牲

▶P32

息子を生贄に捧げるよう神の命を受けたアブラハムは、命令を実行して信仰心を示す。

10 ヤコブと天使

▶P34

兄を騙して長子権を得たヤコブは、放浪の末、天使からイスラエルの名を与えられる。

11 ヨセフの出世

▶P36

ヤコブの子・ヨセフが、エジプトで宰相に出世。イスラエルの民がエジプトへ移住する。

12 出エジプト

▶P42、44

モーセがエジプトで虐げられるイスラエルの民を率いて、出エジプトを成し遂げる。

13 十《じっ》戒《かい》

▶P44

モーセがシナイ山にて十戒を授かり、神とイスラエルの民の間に契約が成立する。

14 カナン征服

▶P46

ヨシュアに率いられたイスラエルの民がカナンを征服し、土地を分配して定着する。

15 サムソンとデリラ

▶P48

異教信仰を悔い改めた民の下に士師が遣わされ、怪力の士師サムソンらが活躍する。

16 預言者《よげんしゃ》サムエル

▶P50、52

最後の士師サムエルが、民の求めに応じてサウルに油を注いで王とする。

17 ダビデとゴリアト

▶P54

ペリシテ人の巨漢ゴリアトを討ったダビデが台頭。サウルはダビデ殺害を企む。

18 バト・シェバ事件

▶P56

ダビデが配下の将軍ウリヤの妻バト・シェバの水浴を目撃し、横恋慕する。

19 ソロモン王の治世

▶P58

ダビデを継いだソロモンが偉大な知恵を獲得し、イスラエル王国に全盛期をもたらす。

20 シェバの女王

▶P58

ソロモンの知恵の評判を聞きつけたシェバの女王がエルサレムを訪問する。

21 エリヤとアハブ王

▶P60

預言者エリヤがバアルの祭司を罰し、異教を信仰するアハブ王を屈服させる。

22 イスラエルの滅亡とヨナ書

▶P62

ニネヴェの民を改心させるよう神の命を受けたヨナが逃走し、巨大な魚に飲み込まれる。

23 バビロン捕囚《ほしゅう》

▶P64

新バビロニアによってエルサレムが陥落し、ユダ王国の民がバビロンへ連行される。

24 ダニエルの物語

▶P66

新バビロニア、アケメネス朝に仕えたユダヤ人ダニエルが活躍する。

25 エステル

▶P67

アケメネス朝の王妃となったエステルがユダヤ人虐殺の陰謀を打ち砕く。

26 捕囚からの解放

▶P66

バビロン捕囚から帰還した人々により、エルサレムの神殿が再建される。

27 ヘロデ大王

▶P76

イドマヤ人の王がユダヤの支配をローマから任され、エルサレムの神殿を改修する。

28 受胎告知

▶P76

ナザレのマリアの下に天使ガブリエルが現れ、神の子の懐胎を告げる。

29 イエスの誕生

▶P78

ベツレヘムにてイエスが誕生し、羊飼いや東方の占星術の学者たちが祝福に訪れる。

30 エジプトへの逃避

▶P80

ヘロデ大王による嬰児虐殺命令を避け、イエスとその家族がエジプトに逃避する。

31 イエスの洗礼

▶P84

イエスが、ヨルダン川の畔で洗礼者ヨハネから洗礼を受ける。

32 荒れ野の誘惑

▶P86

ユダの荒野にて断食中のイエスが、悪魔の誘惑を三度にわたり退ける。

33 奇跡の漁《すなどり》

▶P92

ガリラヤ湖畔で伝道活動を始めたイエスが、ペトロらを弟子にする。

34 山上の説教

▶P94

イエスがガリラヤ湖畔の丘で人々に八福の教えを説き、天の国へ入る生き方を教える。

35 カナの婚礼

▶P96

カナで行われた婚礼において、イエスが水をぶどう酒に変える最初の奇跡を起こす。

36 湖を歩く

▶P98

イエスが弟子たちの前でガリラヤ湖の水の上を歩き、失敗したペトロを叱る。

37 悪魔を追い出す

▶P98

イエスは人間に取りついた悪霊を追い払い、苦しむ人々を癒す。

38 ラザロの蘇生

▶P98

イエスが、病死し、すでに埋葬された友人のラザロを墓のなかから生き返らせる。

39 善《よ》きサマリア人のたとえ

▶P100

イエスはたとえ話を用いて、「隣人愛」や「神の愛」などについて説明する。

40 イエスの変容

▶P102

イエスが高い山へ上り、モーセ、エリヤとともに受難について語り合う。

41 エルサレム入城

▶P108

イエスがロバに乗ってエルサレムへ入城し、人々の歓迎を受ける。

42 最後の晩餐《ばんさん》

▶P110

過越の晩餐を行ったイエスが、弟子たちの裏切りを予告し、聖体拝領を行う。

43 イエスの捕縛《ほばく》

▶P112、114

イエスが弟子の裏切りによって逮捕され、裁判の末に、死刑の判決を受ける。

44 イエスの磔刑《たっけい》

▶P116

ゴルゴタの丘にて磔刑に処されたイエスは、人間としての生を終える。

45 イエスの埋葬

▶P118

十字架上にて死を迎えたイエスがエルサレムの墓に埋葬される。

46 イエスの復活

▶P118

復活したイエスが弟子たちの前に現れて最後の教えを説き、やがて昇天する。

47 聖霊降臨

▶P124

弟子たちのもとに聖霊が下り、弟子たちは様々な国の言葉で教えを語るようになる。

48 ペトロの布教

▶P125

ペトロを始めイエスの弟子たちが世界にイエスの教えを広めるも、次々に殉教する。

49 サウロの回心

▶P125

キリスト教徒を迫害するユダヤ教徒のサウロ（パウロ）が、光に打たれて回心する。

50 パウロの伝道

▶P125

パウロが3度にわたり伝道旅行に出かけ、ヨーロッパへキリストの教えが伝わる。

51 最後の審判

▶P126

世界の終わりが訪れ、すべての死者が蘇り、天国と地獄に振り分けられる。

聖書の登場人物

これだけ押さえておけば大丈夫！

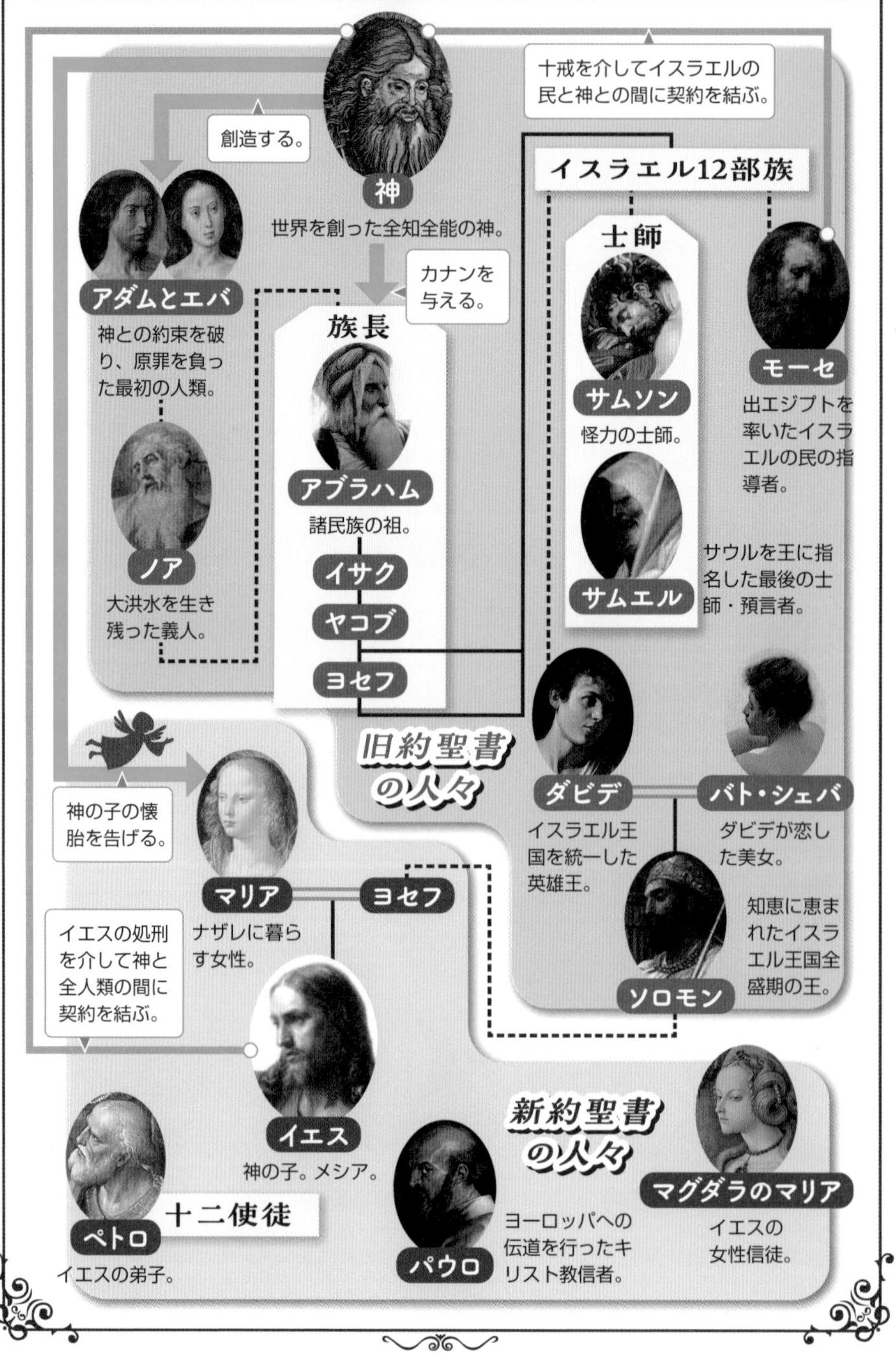

神
世界を創った全知全能の神。
創造する。
十戒を介してイスラエルの民と神との間に契約を結ぶ。
カナンを与える。
アダムとエバ
神との約束を破り、原罪を負った最初の人類。
ノア
大洪水を生き残った義人。
族長
アブラハム
諸民族の祖。
イサク
ヤコブ
ヨセフ
イスラエル12部族
士師
サムソン
怪力の士師。
サムエル
サウルを王に指名した最後の士師・預言者。
モーセ
出エジプトを率いたイスラエルの民の指導者。
旧約聖書の人々
ダビデ
イスラエル王国を統一した英雄王。
バト・シェバ
ダビデが恋した美女。
ソロモン
知恵に恵まれたイスラエル王国全盛期の王。
神の子の懐胎を告げる。
マリア
ナザレに暮らす女性。
ヨセフ
イエスの処刑を介して神と全人類の間に契約を結ぶ。
イエス
神の子。メシア。
新約聖書の人々
十二使徒
ペトロ
イエスの弟子。
パウロ
ヨーロッパへの伝道を行ったキリスト教信者。
マグダラのマリア
イエスの女性信徒。

第1部
旧約聖書

第1章
天地創造と族長物語
―万物を創造した神の業と族長たちの旅

解説

聖書は神による天地創造から始まります。その業を記す「創世記」では、その後、エデンの園、バベルの塔、ノアの箱舟と言った一度は誰でも耳にしたことがある物語が収録され、やがて、アブラハムらイスラエルの民の祖先たちの物語へとつながります。

でたどる旧約聖書のあらすじ❶

神の手による天地創造から、イスラエルの民のエジプト移住まで

Ⅱ 楽園追放

アダムとエバが禁断の知識の木の実を食べて楽園を追放され、人類は原罪を背負う。（▶P22）

Ⅲ ノアの箱舟

堕落した人類を神が大洪水によって滅ぼし、義人ノアの一家だけを救う。（▶P24）

Ⅳ バベルの塔

天まで届く塔を建てて集住しようとした人類に神が怒り、異なる言語を与える。（▶P26）

Ⅴ アブラムの旅

アブラムに神がカナンの地を与えることを約束。子供のいなかったアブラムは、ふたりの子を授かる。（▶P28）

西洋絵画

I 天地創造

神によって光と闇、太陽と月、世界が創造され、動物と人間の男女が創られる。

（▶P20）

VI ソドムとゴモラ

神は退廃の町ソドムとゴモラを滅ぼし、唯一正しい行いをしたロト一家だけを助ける。

（▶P30）

VIII ヤコブの放浪

兄から長子権を奪ったヤコブは、放浪の末、神と格闘しイスラエルの民の指導者となる。

（▶P34）

VII イサクの犠牲

神はアブラハムの信仰心を試すため、アブラハムの子イサクを生贄に捧げるよう命じる。

（▶P32）

IX ヨセフの出世

エジプトに売られたヨセフが、エジプトで出世を遂げ、イスラエルの民がエジプトへ移住する。

（▶P36）

天地創造

壮大なる世界創世の7日間によって、神の絶対性が示される

聖書は、神が天地や生物を創《つく》り出す7日間の「天地創造」の物語から始まります。

第1日目、神が何もない無の世界で、「光あれ。」と言葉を発すると、光が現れます。光を見て良しとした神は、光を昼、それ以外の闇を夜としました。夕べがあり、朝があり、最初の1日が過ぎました。

以降、神の発する言葉により、様々なものが創造されていきます。

2日目には大空を造り、水を大空の下と上に分けました。

3日目、神は天の下の水をひとつにまとめて海とし、それ以外の乾いた場所を陸とします。陸地を生んだのち、神が命じると陸には植物が生えました。

4日目に昼を照らす太陽と夜を支配する月、夜を輝かせる星を創造。加えて季節と日を創造すると、神は次に生物を生み出します。

神は、5日目に水中に魚を、陸に翼のある鳥を置き、6日目に陸の野生動物、家畜を創り出しました。

そして最後に神は自分の姿をかたどった人間を自らの手で創り、世界に生きる生物を治めさせました。

すべての創造をなし終えた神は、7日目に休息します。この日は祝福される安息日《あんそくにち》となりました。

全知全能の神による創造物

このように聖書の創造神話は、何も存在していない「無」の世界から天地、生物、人すべてを全知全能の神が創り出しているのが大きな特徴です。

つまり、この世はすべて偉大なる神の創造物であり、神が唯一絶対的な存在であることを表しているのです。

原典を読みたくなる聖書のはなし

天地創造は７日間かけて行われ、それが現在の１週間という考え方の元となりました。さらに、**「第七の日に、神は御自分の仕事を離れ、安息なさった。この日に神はすべての創造の仕事を離れ、安息なさったので、第七の日を神は祝福し、聖別された。」**と聖書にあり、ここから日曜日の概念が生まれています。

3ポイントでわかる聖書

- 神が無の世界から天地と人間を創造した。
- 天地創造から1週間の最後が安息日となった。
- 聖書の神は全知全能であり、唯一絶対の存在である。

天地創造の7日間

旧約聖書の冒頭に登場する神は、7日間で世界のすべてを創造したとされる。

第1日目
光と闇が分けられ、光を昼、闇を夜とした。
第2日目
大空の上と下に水が分けられた。
第3日目
大空の下の水が集まって海となり、乾いたところが陸地となった。陸地には植物が生えた。
第5日目
水中に魚などの生物が創造され、陸では鳥が飛び繁殖した。
第7日目
神はすべてを創り終え、休息した。
第6日目
陸の動物が創造され、神は自らの形に似せて人間を創造した。
第4日目
太陽、月、星が創造され、天空に配された。四季が生まれ、太陽は昼、月は夜を司った。

※絵画：『天地創造』ルーカス・クラナハ

聖書豆知識

旧約聖書は紀元90年頃、古代イスラエルの知識人たちが議論しながら、ヘブライ語で書かれた39の書を選んで聖書として定めたものです。個々の書物の作者はほとんど分かっていませんが、最も古い書物は紀元前1500年頃の成立と言われます。

楽園追放

神の命に背いた人間は、楽園を追放され永遠の命を失う

神は天地創造の6日目、動物を司《つかさど》る存在として、土を練って自分に似せた形にすると、息を吹き込みました。

　こうして生まれたのが最初の人間であるアダムです。アダムはエデンという豊かな地に配されると、神の命を受けて周りの動物や植物に名前を付ける日々を送りましたが、語り合える相手がいませんでした。これを見た神は、アダムの肋骨《ろっこつ》を1本抜き取ると、アダムの助け手として、女性のエバを創りました。

　ふたりはたちまち恋に落ち、夫婦となります。ふたりはここで木の実をとって何不自由なく暮らしていましたが、「善悪の知識の木の実」だけは食べることを禁じられていました。

禁断の果実を口にした人類

　しかしある時、蛇から「知識の木の実を食べれば神のように善悪を知る」と言葉巧みにそそのかされたエバは、誘惑に負けてそれを食べてしまいます。

　そして、アダムにも木の実を勧め食べさせてしまいます。

　すると突然ふたりはお互いが裸でいることが恥ずかしくなり、イチジクの葉で腰を覆いました。善悪を知ったことで羞恥心《しゅうちしん》が芽生えたのです。

　人間の背信を悟った神が問いただすと、アダムはエバに罪をなすりつけ、エバは蛇のせいだと訴えました。

　その態度に失望した神は、ふたりを楽園から追放し、男には労働する苦しみ、女性には子を産む苦しみと男性からの支配という罰を与え、さらにすべての人間に寿命をもうけました。

　この神の命に背いたふたりの罪が、子孫となる人類すべてに受け継がれる「原罪《げんざい》」の根拠となりました。

3ポイントでわかる聖書

- 神はアダムの肋骨から最初の女性エバを創造する。
- アダムとエバは善悪の知識の木の実を食べてしまう。
- 楽園を追放されたアダムとエバの子孫は原罪を背負う。

原典を読みたくなる聖書のはなし

　人間を背信へ誘った蛇に対し、神は**「このようなことをしたお前はあらゆる家畜、あらゆる野の獣の中で呪われるものとなった。お前は、生涯這いまわり、塵を食らう。」**とし、エバとその子孫の女が敵意を抱く対象としました。こうして蛇は現在のような姿となるとともに、サタンの象徴ともされるようになったのです。

神に背き原罪を負った人類

エデンの園にて暮らしていたアダムとエバであったが、善悪の知識の木の実を食べたことから楽園を追われ、人類は神の命に背いたという原罪を背負うこととなる。

神との約束を破ったことで、人類は原罪を背負う。
原罪
善悪の知識の木の実
アダム
エバ
1 善悪の知識の木の実を食べるようそそのかす。
2 善悪の知識の木の実を食べたのち、アダムにも食べるよう誘惑する。
それを食べると、目が開け、神のように善悪を知る者となることを神はご存じなのだ。
ヘビ
ヘビにはもともと手足があった!
3 神の尋問に対して互いに責任を擦り付ける。
4 楽園から追放する。
5 すべての生き物のなかで最も嫌われるものとし、地を這い、塵を舐めて生きるよう、罰を与える。
神

楽園を追放された人類には、男が労働する苦しみを、女が子を産む苦しみを与えられ、その命は限りあるものとなった。

※絵画：フーゴ・ファン・デル・グース『原罪』／美術史美術館（ウィーン／オーストリア）

聖書豆知識

追放されたアダムとエバは、カインとアベルという息子をもうけます。しかし、農夫となった兄カインが、羊飼いとなった弟アベルに神への貢物を巡って嫉妬し、アベルを殺害。神はカインに放浪者となる罰を与えます。一方、アダムとエバは新たな息子セトを授かりました。

ノアの箱舟

堕落した人類を洪水が押し流し、義人ノアの一家が生き残る

地上にはアダムとエバの子、セトの子孫である人類が増えていきました。

しかし、彼らは次第に悪事を働くようになり、地上は憎しみと争いがはびこる堕落した世界になってしまいます。

神はその状況を嘆き、洪水で、人間を含むすべての生き物を押し流して滅ぼそうと決めました。しかし、唯一の善人だったノアとその一家だけは助けようと、彼を洪水から守るべく、「箱舟を造り、家族と、地上の生物をひとつがいずつ乗せるように」と告げました。

大洪水から生き残ったノアの家族

かくして巨大な船が完成すると、間もなく大雨が降り始め、大洪水が発生。すべての生き物を押し流していきました。

雨は150日ほど経《た》ってようやく降りやみ、箱舟は現在のトルコ東方にあるアララト山に漂着します。

ノア一行は水が引いたかどうか確かめるべく鳩を放ちました。最初の鳩はそのまま帰ってきたため、7日後、再び鳩を放ちました。

すると鳩はオリーブの葉を咥《くわ》えて夕暮れに戻ってきます。

それを見てノアは水が地上から引いたことを知ります。

さらに7日後に放った鳩は、戻ってきませんでした。とどまる場所を見つけたのです。

ようやく水が引いたと知ったノアは地上に降りたち、祭壇を築いて神に捧げ物をします。すると神は今後、人類を滅ぼさないとノアに約束しました。

そしてノアとその息子たちを祝福し、その印として空に虹をかけます。

この物語から、西洋絵画では、虹が神の祝福、契約の証《あかし》を示す象徴として扱われています。

3ポイントでわかる聖書

- 神は堕落した人類を、洪水により滅ぼそうと決意する。
- 善人のノアの一家だけが箱舟に乗って生き残る。
- 神は今後、人類を滅ぼさないことをノアに約束する。

原典を読みたくなる聖書のはなし

洪水後のある日、ノアはぶどう酒に酔い、裸で眠っていました。それを見たノアの息子ハムが父の醜態を兄弟に告げたのに対し、兄弟のセムとヤフェトは父に布をかけます。目覚めたノアは、ハムに向かって、**「カナン（ハムの子）は呪われよ。奴隷の奴隷となり、兄たちに仕えよ。」**と呪いをかけました。ハムの子孫がカナン人です。

ノアの箱舟はどこに流れ着いた？

旧約聖書には巨大な箱舟のサイズが記されている。また、漂流の果てに流れ着いた場所は、アララト山やジュディ山が候補に挙げられている。

3階建ての構造で、船体にコールタールを塗って水の侵入を防いでいたという。
長さは300アンマ（約135m）。
高さは30アンマ（約14m）。
幅は50アンマ（約23m）。
〈箱舟〉
すべての動物をひとつがいずつ乗せたという。
アララト山
ジュディ山
カスピ海
地中海
ティグリス川
ユーフラテス川
洪水伝説はオリエント各地に伝わっており、実際に大洪水が起こっていた痕跡も発見されている。
キシュ
ニップル
シュルッパク
ウンマ
スサ
テロー
ウルク
ウバイド
ウル
エリドゥ
ペルシア湾
● 洪水層が発見された遺跡
● 洪水層が発見されなかった遺跡
○ 洪水層の有無不明の遺跡

※絵画：エドワード・ヒックス『ノアの箱舟』フィラデルフィア美術館（フィラデルフィア／アメリカ）

聖書豆知識

ノアの洪水伝説は紀元前2800年頃にメソポタミアで起こった洪水がもとになったといわれています。実際にメソポタミアの遺跡からは大洪水の痕跡が発見されており、『ギルガメシュ叙事詩』などにも洪水にまつわる伝説が記されています。

バベルの塔

技術の力に驕《おご》り、神に挑んだ人類に与えられた罰とは？

大洪水ののち、地上にはノアの3人の息子たちの子孫が増え、南メソポタミアのシンアルという地に住み着きます。

祖先を同じくする人々は同じ言葉を話して強い団結力で農業や商業に勤しみ、文明を発達させて繁栄しました。

しかし、人々はこれらがすべて自分たちの力によるものと慢心し、散り散りにならないよう、団結して天に届く高い塔を建て、その塔に集まって暮らすことにしました。

神の怒りを買い、塔の建設は中断する

神はこれを苦々しく見ていました。

そもそもこれは、人々を増やし世界に拡散させようとしていた神の考えに背くものだったからです。

神は自分を敬うことを忘れた人間を許すわけにはいきません。

しかし大洪水の時に、ノアと「もう人類は滅ぼさない」と約束を交わしていた神は、かつてと同じように人類を滅ぼすことができません。

そこで神は一計を案じます。

人々から同一の言語をとりあげることにしたのです。国の発展も塔の建設も同じ言語を話す人々が団結して取り組んだからこそ成しえた偉業でした。

しかし異なる言語を話し始めた人々は、意思疎通が難しくなります。そのため仲違いして争いを起こすようになり、協力して塔を建設することが不可能になりました。

こうして塔の建設は中止され、神の計画通り、人々は世界各地へ散って行ったのです。

この建設途中だった塔は「バベルの塔」と呼ばれ、その名は、神の門という意味のバビロニア語の「バブ・イル」に由来する説などが唱えられています。

3ポイントでわかる聖書

- もともと人類はひとつの言語を話していた。
- 増長した人々は、天に届くほど高い塔を築き始める。
- 人々の慢心に対し、神は多くの言語を与え混乱させた。

原典を読みたくなる聖書のはなし

「バベルの塔」は、神へ挑戦することへの警告と、諸言語の発生の起源を語るものです。

なぜ集住してはいけないのか。「創世記」第９章に次のような神の言葉があります。**「あなたたちは産めよ、増えよ、地に群がり、地に増えよ。」**つまり人間は子をなし、地上を埋め尽くすまで増える義務があったのです。

諸言語の発生を機に崩壊へ向かう大事業

神に挑戦するかのように天高くそびえる塔を建てようとした人類は、多くの言語を与えられたことによって仲違いを始める。

傲慢……

❶ 人類はシンアルの平野に住みつき、レンガで塔を造り始める。

鉄槌！

❷ 多くの言語を与え、互いの言葉が聞き分けられないようにする。

塔の建設は第7層まで進んでいる。

天まで届く塔のある町を建て、有名になろう。そして、全地に散らされることのないようにしよう！

塔の建設を視察する人物は、ニムロデ王と言われる。

※絵画：『バベルの塔』ピーテル・ブリューゲル（父）／美術史美術館（ウィーン／オーストリア）

❸ 人々は意思の疎通が図れなくなり、塔の建設を辞める。

バベルの塔は所々崩壊を始めており、完成しないことを暗示している。

※絵画：『バベルの塔』ピーテル・ブリューゲル（父）／ボイマンス美術館（ロッテルダム／オランダ）

④ バベルの塔の建設をやめた人々は世界に散らばっていった。

聖書豆知識 メソポタミアには、バベルの塔のモデルではないかともいわれるジッグラトという巨大な神殿遺跡があります。現在イラクに残る紀元前3000年頃のウルやバビロンのものが有名。これらは階段状の台形で、頂上に都市の守護神を祀る神殿が設けられていました。

アブラムの旅

神から約束の地を与えられた族長は、ふたりの子の間で苦悩した

ノアの子孫であるアブラムは、バビロニアのウルで暮らしていましたが、あるとき、父のテラと妻のサライ、甥のロトとともに故郷を離れ、北方のハランへと向かいました。

父の死後、アブラムに神の啓示が下ります。

――わたしが示す地に行きなさい。

その言葉に従い旅立ったアブラムは、現在のパレスティナに当たるカナンの地で再び神から「この地を与えよう。子孫は繁栄する」と告げられました。以来、この地はイスラエル民族の「約束の地」となりました。

しかし、間もなくカナンを飢饉《ききん》が襲ったため、アブラムらはエジプトへ逃れます。途中、ロトとも別れざるを得ませんでした。

やがてカナンに戻り、ヘブロンの地に定住したアブラムは財産を築き、安定した生活を送りますが、唯一の悩みは夫婦の間に後継ぎがいないことでした。そこでサライが侍女ハガルを夫に与えると、男児イシュマエルが生まれました。

イシュマエルが生まれて13年後、アブラムのもとに神が現れ、アブラムはアブラハム（国民の父）、サライはサラと名乗ること、正統な後継者が生まれることを予言します。この時、神が男子に義務付けたのが、ペニスの包皮を切り取る割礼《かつれい》でした。これは信仰の証として現代でも行われています。

正統な跡継ぎイサクが誕生する

翌年、サラは高齢ながら男子イサクを生みました。実子を得たサラは、ハガルとイシュマエル母子を追い出すよう、アブラハムに求めます。

しかしアブラハムにとってはイシュマエルも可愛い息子です。悩んで神に尋ねたところ、「妻に従うように」と啓示が下ったため、翌朝、パンと水を入れた袋を持たせ、ふたりを追い出しました。

原典を読みたくなる聖書のはなし

エジプトに入ったアブラムは、エジプト人がアブラムを殺してサライを奪うと恐れ、**「どうか、私の妹だ、と言ってください」**と妻に依頼します。するとファラオがサライを気に入り、アブラムの妹とみて召し入れました。しかし、神がエジプトに禍をもたらし、真実を知ったファラオはアブラムとサライを追放したのでした。

3ポイントでわかる聖書

- アブラムは神からカナンの地を与えると約束される。
- アブラハムは100歳にして嫡子のイサクを得る。
- サラはイシュマエルとその母ハガルを追い出すよう求める。

アブラムの旅と神との交流

アブラムは75歳の時、神を信仰する代わりにカナンの地の所有を約束される。その後、子がなかなかできなかったアブラムであるが、側女ハガルとの間にイシュマエルを、妻サライとの間にイサクをもうけることができた。

父テラとともにウルより移住。
ハラン
ニネヴェ
アッシュール
地中海
ビブロス
マリ
ダマスコ
飢饉のためエジプトへ移る。
アブラムにカナンの地が与えられる。
バビロン
古代の海岸線
シケム
ゾアン
ベエル・シェバ
ロトと土地を分け合い、ロトと別れる。
ウル
妻サライをファラオに捧げ、叱責を受ける。
エジプト
紅海
ハガルの追放
サラとハガルの間に諍いが生じ、アブラハムはハガルを追放する。
対立
ハガル
サラ
アブラハム
イサク
イシュマエル
ふたりの子宝に恵まれたアブラハムであったが、妻サラとハガルが確執を深め、ハガル母子を追放することになってしまう。

※絵画：『アブラハムに追放されるハガル』オラース・ヴェルネ／ナント美術館（ナント／フランス）

聖書豆知識 追放されたハガルとイシュマエル母子のもとには天使が現れ、イシュマエルが大きな民のひとつの長になることを告げます。のちにイシュマエルはアラブ人の祖となったとされます。

ソドムとゴモラ

悪徳がはびこる街に神の鉄槌が下される

アブラハムと別れた甥のロトは、ソドムという町で暮らしていました。ソドムは死海沿岸にあった町とされ、付近にゴモラという町があったとされます。

当時、このふたつの町は繁栄していたものの、風紀が乱れ、悪徳がはびこっていました。神はこの町を滅ぼそうと考えましたが、それを知ったアブラハムが神に懇願し、10人の正しい人がいれば町を赦《ゆる》すという約束を取り付けました。

神はこの町の実情を調べるため、天使を遣わします。

見慣れぬ異邦人の姿を見て、真っ先に温かく家へと迎え入れたのは、ソドムの町で唯一、正しい行いをしていたロト一家でした。ロトとその妻、ふたりの娘は異邦人を手厚くもてなしましたが、それを聞きつけた町中の人がロトの家へ押し寄せ、客に乱暴しようとしたため、ロトは群衆を必死でなだめました。

ロトとその家族だけが救われた町

こうして町には10人も正しい人がいないことが判明し、神の心は決まります。

神は正しい行いをしたロト一家だけは救おうと、ロトに町を滅ぼすことを告げ、振り返らずに逃げるよう命じました。

ロトは娘の婚約者たちにもこのことを伝えますが、彼らは神の言葉をあざ笑い相手にしません。やむなくロトは妻子を連れて町を逃げ出しました。

彼らが町を出るのとほぼ同じくして天から硫黄と炎が降り注ぎ、町はたちまち炎に包まれ、住民、草木までも焼き尽くされます。

ロト一家はひたすら前を向いて逃げましたが、妻はつい町が気になり、後ろを振り返ります。燃える町が目に入った瞬間、妻は塩の柱になってしまいました。

3ポイントでわかる聖書

- ソドムではロト一家だけが正しい行いをした。
- 神はふたつの町を滅ぼすことを決意する。
- 町を振り返ったロトの妻は、塩の柱になった。

原典を読みたくなる聖書のはなし

アブラハムは意外な交渉上手でした。神への懇願において、当初神が、**「もしソドムの町に正しい者が五十人いるならば、その者たちのために、町全部を赦そう。」**と提案すると、**「もしかすると、五十人の正しい者に五人足りないかもしれません。」**と妥協を提案。これを繰り返すことによって、10人まで妥協させたのでした。

ソドムとゴモラの滅亡とロト一家

アブラハムと別れたロトはソドムという町に移り住む。だが、ソドムはゴモラとともに悪徳の町として有名であった。神はこれらの町を滅ぼそうと決意する。

ロト
ロトの娘たち

1 ソドムとゴモラの滅亡

ソドムとゴモラに神が天使を派遣したところ、天使をもてなすロトの家に人々が押しかけ、客を辱めようと騒いだため、神は町を滅ぼすことを決意。ふたつの町は炎に包まれる。

2 ロトの妻、塩の柱になる

ソドムを脱出したロト一家だったが、その途中、振り返ってはならないという指示を無視した妻が塩の柱になってしまう。

3 娘たち、父を誘惑する

ロトと3人で暮らすなかで子孫を残せなくなることを恐れた娘たちが、父を酔わせて交互に交わる。

4 ロト、異民族の父となる

ロトの娘は懐妊。姉の子モアブはモアブ人の祖に、妹の子ベン・アミはアンモン人の祖となった。

アブラハム一族の系図

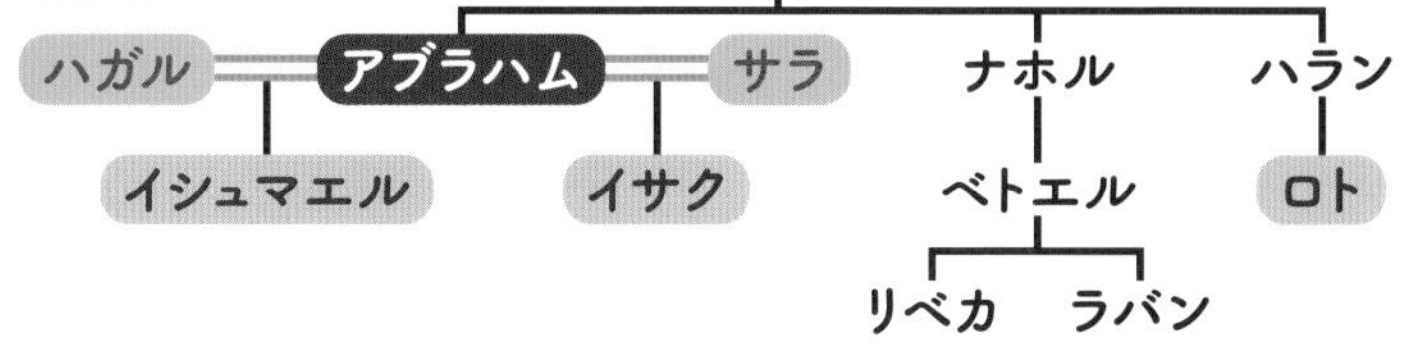
テラ
ハガル
アブラハム
サラ
ナホル
ハラン
イシュマエル
イサク
ベトエル
ロト
リベカ
ラバン

※絵画：『ソドムから逃げるロトと娘たち』アルブレヒト・デューラー／ナショナル・ギャラリー・オブ・アート（ワシントン／アメリカ）

聖書豆知識

ロトとその娘2人は山の洞窟で暮らしましたが、娘たちは子孫が残せないことを恐れます。しかしソドムの町から来た娘を相手にしてくれる人はいないため、娘たちは近親相姦を決意。父をブドウ酒で酔わせ、交互に交わり、それぞれ男の子を生んだのでした。

イサクの犠牲

神か？　それとも息子か？　アブラハムは究極の選択を迫られる

待望の我が子を授かったアブラハム夫婦は、イサクを慈しんで育てます。

ところがそんなふたりに神は非情な命令を下しました。

イサクを連れてモリヤに行き、彼を焼いて生《いけ》贄《にえ》として捧げるよう命じたのです。

聖書にはこの時のアブラハムの心情は記していませんが、敬虔《けいけん》なアブラハムが神の命令に背くことはありませんでした。

翌朝アブラハムは、イサクとふたりの従者を連れてロバに乗り、モリヤに向かいます。そして山の麓に至ると、従者をここで待たせ、イサクの背には薪《たきぎ》を背負わせ、自らはたいまつとナイフを持って山に登ります。

アブラハムの信仰心

山頂に着いたアブラハムは祭壇を築き、薪をくべると、イサクを縛って横たえました。そしてナイフを振り上げます。愛しい我が子に突き立てようとした瞬間、天使が現れ、

「その子に手を下すな。何もしてはならない。あなたが神を畏れる者であることが、今、分かったからだ」

と押しとどめたのです。

神の真意は、大切な我が子さえ神のためには惜しまないというアブラハムの信仰心を確かめることでした。

息子であっても犠牲にする信仰心を示したアブラハムは、その後も神の声に従って生き、175歳で生涯を終えました。そのため信仰者の規範、信仰の父とも呼ばれています。

また、アブラハムとその兄弟は、イスラエル人、イシュマエル人、ミディアン人、アンモン人など、旧約聖書に登場する大半の人物の祖となりました。そうした偉業から、アブラハムは「諸国民の父」として敬われているのです。

3ポイントでわかる聖書

- 神はイサクを生贄にするよう命じる。
- アブラハムは息子を生贄にしようとする。
- 神がアブラハムの強い信仰心を知る。

原典を読みたくなる聖書のはなし

山頂へ向かう道中、違和感に気づいたイサクは、**「火と薪はここにありますが、焼き尽くす献げ物にする子羊はどこにいるのですか。」**と問います。これに対し、アブラハムは、**「きっと神が備えてくださる。」**と答え、はぐらかしたのでした。その後もイサクは従順にアブラハムに従い、抵抗せずに生贄の祭壇に横たわっています。

神の命に忠実なアブラハム

ある日、アブラハムはひとり息子イサクを捧げよと神の命を受ける。アブラハムは、その命令に背くことなく、イサクを殺そうと首に刃物をあてた。

1 神、アブラハムに命じる

ある日神はアブラハムに、イサクを生贄として捧げるよう命じる。その真意はアブラハムの信仰心を試すことにあった。

3 天使、アブラハムを制止する

天から神の使いが現れ、アブラハムを制止。イサクを捧げることを惜しまなかったアブラハムを讃える。

2 アブラハム、イサクに刃を向ける

アブラハムは祭壇の上に薪を並べ、そのうえにイサクを横たえると、刃物を取り屠ろうとする。

4 生贄を捧げる

茂みに隠れていた雄羊を捕らえ、イサクの代わりに生贄に捧げた。

※絵画：『イサクの犠牲』ジョヴァンニ・バッティスタ・ティエポロ／ウーディネ大司教館（ウーディネ／イタリア）

聖書豆知識

のちに、アブラハムは息子に嫁を迎えたいと考え、下僕をナホルの町へ送り出します。下僕は自分とラクダに水を飲ませてくれる乙女をイサクの嫁にと神に祈ると、美しい娘が水甕を肩に乗せてやってきて水を飲ませてくれました。こうしてその娘リベカがイサクの妻となりました。

ヤコブの放浪

兄から長子権を奪った弟は、放浪の末にイスラエルの祖となる

イサクとリベカの間には双子の兄弟、エサウ（兄）と、その兄のかかとをつかんで出てきたヤコブが生まれます。神は兄弟の仲が悪いことを予言しましたが、父のイサクは狩猟を得意とするエサウを愛し、母のリベカは自分に似た色白のヤコブを愛したため、後継者争いへと発展しました。

やがて老年を迎えたイサクが長子のエサウに長子権（家督）を譲ろうと考えると、それを知ったリベカは、ヤコブにエサウの恰好をさせて夫に近づけました。すると、目を悪くしていたイサクはヤコブをエサウだと思い込み、祝福を与えて家督を相続させてしまいます。

これを知ったエサウは激高し、ヤコブを殺そうとしたため、リベカはヤコブを逃しました。

イスラエルの名を授かったヤコブ

伯父ラバンのもとへ逃げたヤコブは、そこでラバンの次女ラケルと恋に落ち、彼女を妻にもらう約束で、7年間無償で働きます。

しかしラバンの策略で長女のレアを与えられたため、さらに7年間無償で働いてようやくラケルと結ばれました。

ヤコブはラバンとの間にシマやブチのヤギを自分がもらう約束を取り付けると、これをほかのヤギとばかりかけ合わせて自分のヤギを増やして財産を築き、妻子とともに故郷に帰還します。

その途中、見知らぬ者から組み打ちを挑まれたヤコブは、イスラエル（神と戦う者）の名を与えられます。相手は神だったのです。

こうして神の祝福を受けたヤコブは正式に長子権を得、帰還してエサウと和解しました。のちにヤコブの息子たちがイスラエル12部族の祖となったため、イスラエル人はヤコブの子と呼ばれています。

原典を読みたくなる聖書のはなし

ヤコブはヤボクの渡しという場所で神と格闘しました。その様は旧約聖書に、**「その人はヤコブに勝てないとみて、ヤコブの腿の関節を打ったので、格闘をしているうちに腿の関節がはずれた…。」**とあります。それでもヤコブは組み付いたまま離れず、夜明けになったところで、相手が音を上げたのでした。

3ポイントでわかる聖書

- ヤコブは計略を用いて兄エサウの長子権を奪う。
- ヤコブは叔父ラバンのもとで無償の労働に従事する。
- ヤコブは神の祝福を受け、イスラエル諸部族の祖となる。

ヤコブと子供たち

長い放浪生活を終えたヤコブは4人の女性との間に13人の子をもうけた。その系譜はイスラエルの12部族の祖となっていく。

※絵画：『天使と格闘するヤコブ』レンブラント・ファン・レイン／絵画館(ベルリン／ドイツ)

お前の名はもうヤコブではなく、これからイスラエルと呼ばれる。お前は神と人と闘って勝ったからだ。
神（天使）
ヤコブ
祝福してくださるまでは放しません。
聖書の記述では「神」であるが、天使の姿で描かれる。

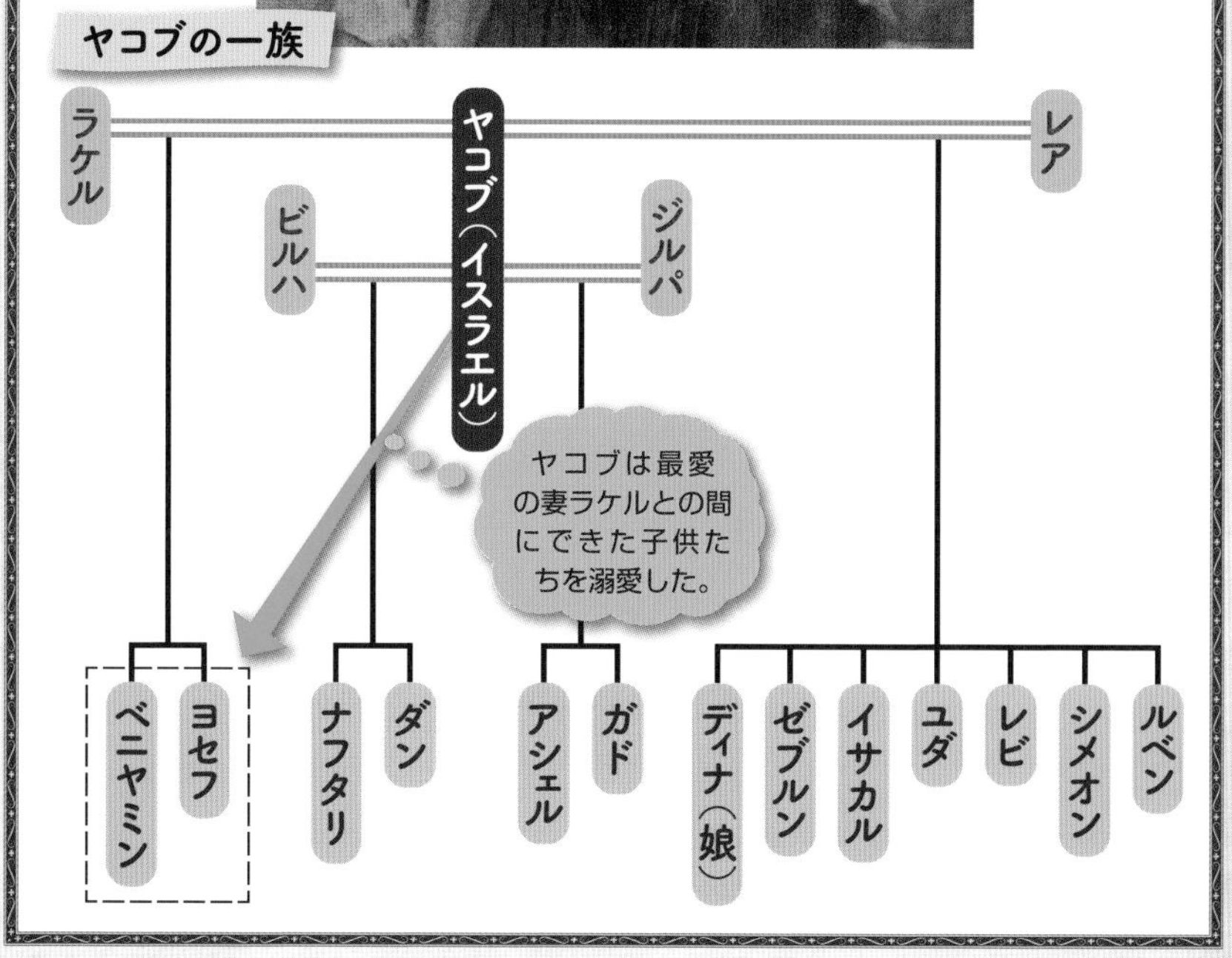
ヤコブの一族
ラケル
ヤコブ（イスラエル）
レア
ビルハ
ジルパ
ヤコブは最愛の妻ラケルとの間にできた子供たちを溺愛した。
ヨセフ
ベニヤミン
ダン
ナフタリ
ガド
アシェル
ルベン
シメオン
レビ
ユダ
イサカル
ゼブルン
ディナ（娘）

聖書豆知識

ヤコブは放浪中、不思議な夢を見ています。天から地まで続く長い階段を天使たちが上り下りしていました。そして神が「今横たわっている土地を子孫に与える」と告げます。起きたヤコブは枕にしていた石を記念碑とし、その地をベテル（神の家）と命名しました。

ヨセフの出世

エジプトで出世したヨセフのもとに一族が庇護を求めてやってくる

ヤコブは息子たちのなかでも最愛の妻ラケルが生んだヨセフとベニヤミンを大切にしていました。特に愛されたヨセフは兄たちから嫉妬されます。さらに自分が兄たちより偉大になる夢を見たことを話したため兄たちに憎まれ、深い穴に放り込まれると、のちに通りかかった商人によってエジプトに奴隷として売り払われてしまいました。

しかしヨセフは神を信じて懸命に働き、侍従長ポティファルに認められました。しかし、ポティファルの妻の誘惑を拒んだことから彼女に逆恨みされ、投獄されてしまいます。

監獄では宮廷の料理人と給仕の夢解きを行い、それが的中したことで、ファラオの夢解きに召し出されました。

ここでファラオの夢から7年の豊作と7年の飢饉《ききん》が訪れることを読み解いたヨセフは、飢饉に備えて食料の備蓄を提案し危機を救うと、この功績によって宰相に取り立てられました。

ヨセフに気づかない兄たち

その頃カナンにあったヤコブ一家は、飢饉に苦しんでいました。ヤコブは息子たちを食料調達のためエジプトに向かわせます。

ヨセフは兄たちに気づきますが、兄たちは宰相がヨセフだと気づきません。ヨセフは兄たちの誠意を試そうと投獄し、末弟のベニヤミンを連れてくることを条件にカナンへ帰しました。

兄たちが父を説得し、ベニヤミンを連れて戻ると、ヨセフは彼に盗みの罪を着せて捕えようとします。このとき、ヨセフを売ったことを悔いていた兄たちは、ヨセフの弟ベニヤミンをかばい兄のひとりが身代わりになると申し出ます。その姿に感銘したヨセフは素性を明かし、兄たちと再会を喜び合いました。そしてヤコブの一族はエジプトに移住しました。

原典を読みたくなる聖書のはなし

ヨセフが兄たちに罪を着せる経緯は、「創世記」第44章に記されます。ヨセフは与えた食料のなかに、銀の杯を紛れ込ませ、ベニヤミンを捕らえました。そしてベニヤミンを奴隷にすると持ち掛けると、兄のひとりが身代わりを申し出て父ヤコブの生存を伝え、ヤコブを感動させたのでした。

3ポイントでわかる聖書

- ヨセフは兄に嫉妬されエジプトに売られる。
- 夢解きをきっかけにヨセフはエジプトの宰相となる。
- ヨセフは食料を求めてやってきた兄たちと再会し和解する。

イスラエルの民、エジプトへ行く

カナンに暮らしていたヤコブの一族は、排斥したヨセフの庇護を受けることとなる。

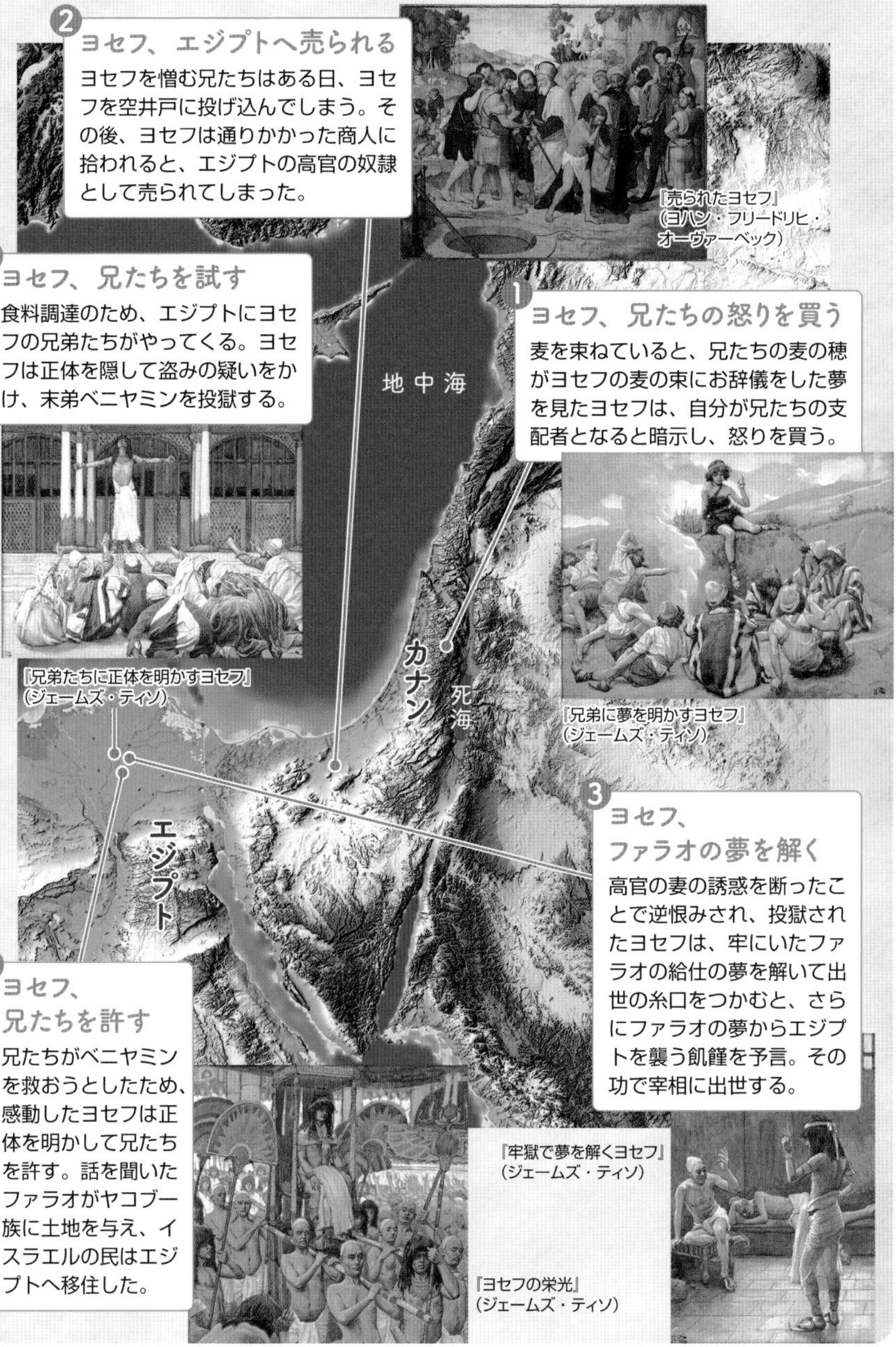

① ヨセフ、兄たちの怒りを買う

麦を束ねていると、兄たちの麦の穂がヨセフの麦の束にお辞儀をした夢を見たヨセフは、自分が兄たちの支配者となると暗示し、怒りを買う。

『兄弟に夢を明かすヨセフ』
（ジェームズ・ティソ）

② ヨセフ、エジプトへ売られる

ヨセフを憎む兄たちはある日、ヨセフを空井戸に投げ込んでしまう。その後、ヨセフは通りかかった商人に拾われると、エジプトの高官の奴隷として売られてしまった。

『売られたヨセフ』
（ヨハン・フリードリヒ・オーヴァーベック）

③ ヨセフ、ファラオの夢を解く

高官の妻の誘惑を断ったことで逆恨みされ、投獄されたヨセフは、牢にいたファラオの給仕の夢を解いて出世の糸口をつかむと、さらにファラオの夢からエジプトを襲う飢饉を予言。その功で宰相に出世する。

『牢獄で夢を解くヨセフ』
（ジェームズ・ティソ）

④ ヨセフ、兄たちを試す

食料調達のため、エジプトにヨセフの兄弟たちがやってくる。ヨセフは正体を隠して盗みの疑いをかけ、末弟ベニヤミンを投獄する。

『兄弟たちに正体を明かすヨセフ』
（ジェームズ・ティソ）

⑤ ヨセフ、兄たちを許す

兄たちがベニヤミンを救おうとしたため、感動したヨセフは正体を明かして兄たちを許す。話を聞いたファラオがヤコブ一族に土地を与え、イスラエルの民はエジプトへ移住した。

『ヨセフの栄光』
（ジェームズ・ティソ）

聖書豆知識

ヤコブの孫オナンにはエルという兄がいましたが、エルの死後、オナンは父ユダからエルの妻タマルとの間に子をなすように命じられました。しかしオナンは子種を外に垂れ流したため神の怒りを買い、殺されてしまいます。この子種を流す行為が「オナニー」の語源とされます。

今が分かる聖書の読み方❶

聖書と政治経済

現代社会の主流は、民主主義や資本主義と呼ばれるシステム（制度）です。

このシステムが西洋近代文明下で発展したことはよく知られていますが、聖書の立場に立つと、そのシステムの特徴は、唯一にして絶対の神により神の似姿として創造されたとする人間観に基づくものといえます。

つまり、一人ひとりの人間（個人）は、神の似姿であり、それ故に個々人は独立した存在であるという基本認識です。さらに、その個々人は、この世界の運営を神から託されており、ほかの被造物の頂点に立つ存在であるとされます。

この思想は「聖書」にその基本があるものの、特にルターの宗教改革以来強調され、西洋近代文明の原動力のひとつとなっています。つまり、西洋型の民主主義の基本である選挙制度も、また近代資本主義を支える（個人の持つ）私有財産の保証概念も、突き詰めると神の被造物として、さらに神により理性を与えられた個々人の存在を前提にした制度である、という訳です。

この点が理解できれば、現在の政治・経済世界を支える個々人が基本単位となる諸システムの基本構造が明らかとなるでしょう。

その意味で平等思想や私有財産の保証、契約重視の社会制度などが、聖書の教えと深く関係していることが理解できるのです。

第1部
旧約聖書

第2章
イスラエルの民の興亡

―約束の地を巡る神とイスラエルの民の契約と交流の歴史

解説

エジプトに暮らすイスラエルの民は、神の命を受けたモーセによって約束の地カナンへと導かれ、やがてイスラエル王国の建国へと至ります。
ダビデ、ソロモンによって繁栄の時代を迎えたイスラエルの民でしたが、人々はモーセを介して結んだ神との契約にたびたび背き、やがて破滅の時を迎えます。

でたどる旧約聖書のあらすじ❷

モーセに導かれてエジプトを出た民が、バビロンに連れ去られるまで

Ⅰ 出エジプト

神の命を受けたモーセによって、イスラエルの民がエジプトを脱出。モーセはシナイ山にて十戒を授かる。

（▶P42、44）

Ⅱ ヨシュアのカナン侵攻

モーセの没後、ヨシュアによってカナン征服が成し遂げられ、部族ごとに土地が分配される。

（▶P46）

Ⅲ 士師《しし》の時代

異教に傾倒する民が異民族の侵攻に直面。悔い改めた民に、神がサムソンら士師を遣わす。

（▶P48）

Ⅳ 預言者《よげんしゃ》サムエル

ペリシテ人の圧迫から民を救ったサムエルは、民の求めに応じてサウルを王とする。

（▶P50、52）

西洋絵画

Ⅶ ソロモン王の治世

ダビデの跡を継いだソロモンがイスラエル王国に全盛期をもたらし、シェバの女王の訪問を受ける。

(▶P58)

Ⅷ バビロン捕囚《ほしゅう》

南北に分裂した王国は、北がアッシリアに、南が新バビロニアに滅ぼされ、南王国の人々がバビロンへ連行される。

(▶P64)

Ⅵ バト・シェバ事件

イスラエル王国の王となったダビデであるが、将軍ウリヤの妻に横恋慕し、神の怒りを買う。

(▶P56)

Ⅴ ダビデとゴリアト

ゴリアトを倒して頭角を現したダビデに嫉妬するサウルは、次第に神の意志に背き始める。

(▶P54)

モーセの召命

神の啓示を受けたモーセが、イスラエルの民の解放をファラオに迫る

宰相となったヨセフの時代から、歳月が流れると、エジプトの人々はヨセフから受けた恩を忘れてイスラエルの民の勢力拡大を警戒し、ファラオが迫害を始めます。イスラエルの民は奴隷のような扱いを受け、ついには男児が生まれたらすぐに殺すよう命じられてしまいます。

そうしたなか、あるレビ族の娘が、生んだ男児を隠し切れなくなり、一縷《いちる》の望みを託してパピルスの籠に入れ葦《あし》の茂みに置いたのでした。その籠はエジプトの王女に拾われ、赤子はモーセと名付けられて王子として育てられました。

しかし、成長したモーセはある日、同胞のイスラエルの民を打つエジプト人を殺害し、ミディアンの地へ逃亡。そこで羊飼いとして暮らすようになりました。

神がエジプトにもたらした10の禍《わざわい》

ある日、モーセは神の山ホレブで燃え尽きない不思議な柴を目にします。そこへ神の啓示が下り、モーセはイスラエルの民を解放する役割を与えられました。モーセが怖気《おじけ》づくと、神はモーセの兄で雄弁なアロンを代弁者にするよう命じます。

モーセはエジプトに戻り、ファラオに、イスラエルの民をエジプトから解放してほしいと訴えますが、聞き入れられません。

そこで神はエジプトに10の禍をもたらします。ナイルの川の水を血に変え、カエル、ブヨなどを大量発生させ、疫病でエジプト人とその家畜を苦しめました。

さらにイスラエルの民以外のエジプト中の長子に死をもたらすにおよび、ファラオも観念してイスラエルの民の出国を許しました。

こうして成人男性約60万に家族や家畜を加えた集団が、約束の地カナンを目指し、エジプトを出国したのでした。

3ポイントでわかる聖書

- モーセは王女に拾われ王宮で育てられた。
- モーセはイスラエルの民を解放する神の啓示を受ける。
- 10の禍に見舞われたファラオは民の出国を承知した。

原典を読みたくなる聖書のはなし

エジプト中の長子が命を落としたのが、10番目の禍です。一方神は、イスラエルの民に対して、禍を避ける方法を事細かに伝えています。その方法は「出エジプト記」第12章にみられます。神の禍が民のもとを過ぎ越したことを記念する行事が、イスラエルの「過越祭」の起源となりました。

民の解放を巡るモーセとファラオの駆け引き

神の命を受けてイスラエルの民の解放を訴えるモーセに対し、ファラオは解放を断固拒否。すると、神の力によってエジプトに10の禍が降りかかる。

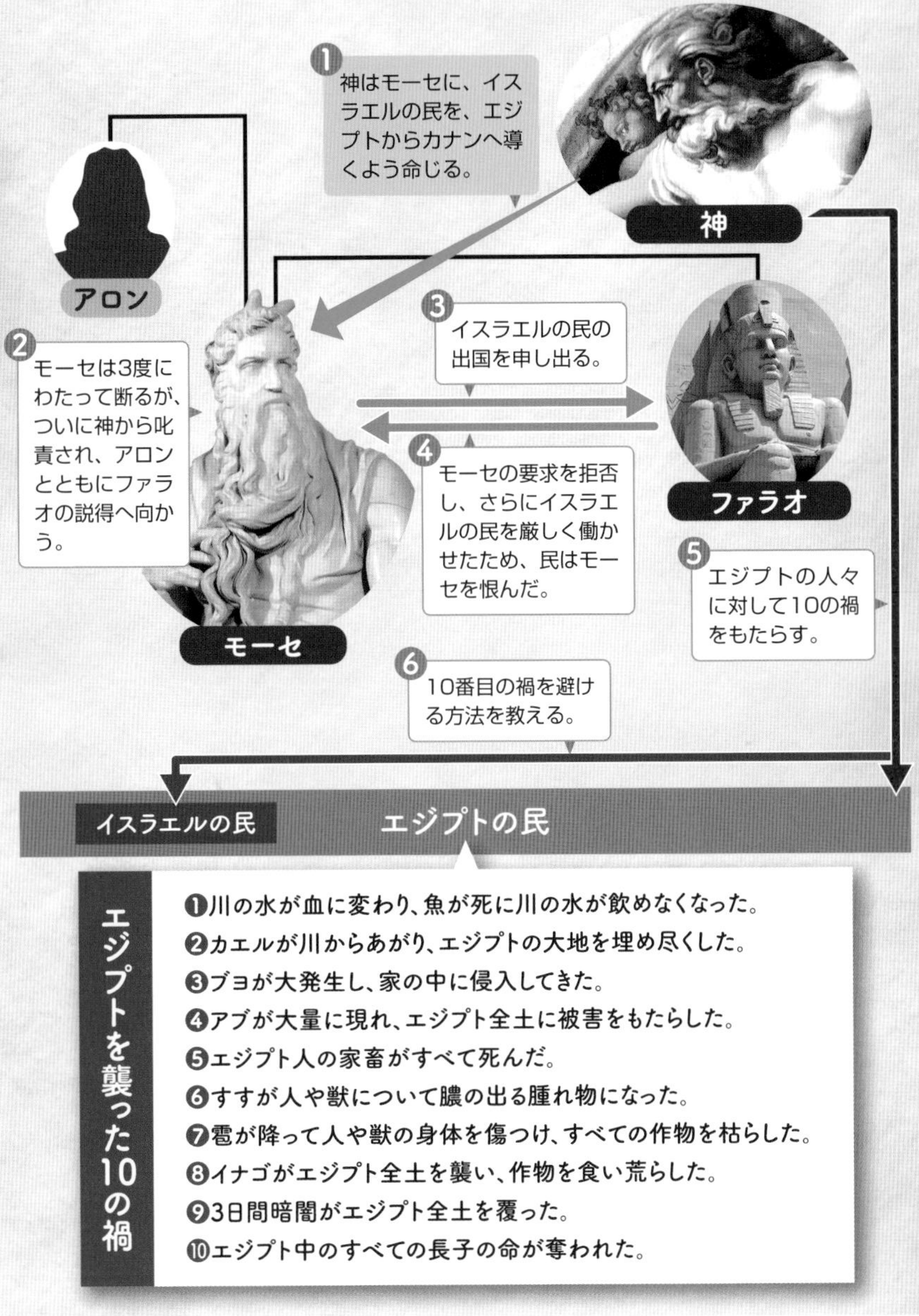
❶ 神はモーセに、イスラエルの民を、エジプトからカナンへ導くよう命じる。
神
アロン
❷ モーセは3度にわたって断るが、ついに神から叱責され、アロンとともにファラオの説得へ向かう。
モーセ
❸ イスラエルの民の出国を申し出る。
❹ モーセの要求を拒否し、さらにイスラエルの民を厳しく働かせたため、民はモーセを恨んだ。
ファラオ
❺ エジプトの人々に対して10の禍をもたらす。
❻ 10番目の禍を避ける方法を教える。
イスラエルの民
エジプトの民

エジプトを襲った10の禍

❶川の水が血に変わり、魚が死に川の水が飲めなくなった。
❷カエルが川からあがり、エジプトの大地を埋め尽くした。
❸ブヨが大発生し、家の中に侵入してきた。
❹アブが大量に現れ、エジプト全土に被害をもたらした。
❺エジプト人の家畜がすべて死んだ。
❻すすが人や獣について膿の出る腫れ物になった。
❼雹が降って人や獣の身体を傷つけ、すべての作物を枯らした。
❽イナゴがエジプト全土を襲い、作物を食い荒らした。
❾3日間暗闇がエジプト全土を覆った。
❿エジプト中のすべての長子の命が奪われた。

聖書豆知識

出エジプト時のファラオは、一般にラムセス２世と言われます。ラムセス2世は紀元前13世紀のエジプト新王国時代第19王朝のファラオ。領土を拡大してヒッタイトと交戦する一方、ヌビアのアブシンベル大神殿やテーベ近郊のカルナック神殿など多くの建築物を残しました。

出《しゅつ》エジプトと十《じっ》戒《かい》

神はモーセを介してイスラエルの民との契約を交わす

エジプトを脱したモーセ率いるイスラエルの民でしたが、ファラオは奴隷を手放したことが惜しくなり、軍隊に一行を追わせます。

葦の海を目前に追いつかれたイスラエルの民の一行が万事休すかと思った時、目を疑う奇跡が起こります。モーセが杖を高く上げ、海に向けると葦の海が真ん中から左右に分かれて壁を作り、中央に道が出現したのです。

人々が海の道を渡り終えると、海水が逆流しエジプト軍を流し去ってしまいました。

民が守るべき10の掟「十戒」

無事エジプトを出たイスラエルの民は、3か月目に、シナイ山の麓にたどり着きました。

3日目の朝、稲妻が走り、炎の中から神が山頂に降り立ちます。神はモーセを呼び寄せると、人が守るべき10の掟「十戒」を授け、祭祀や財産の規定なども伝えました。

ところがモーセがシナイ山に登っている間、麓では、モーセが戻らないために不安に駆られた人々が金の雄牛の像を造り神として崇めていたのです。

偶像崇拝は十戒でも禁じられた行為です。神は怒り、山を下りたモーセも契約の石板を投げつけ、雄牛を砕いて焼き怒りを露わにしました。雄牛を拝んだ3000人は神に打たれて殺害され、報いを受けました。

改めてモーセは神と契約を結び直すと、神の言葉を2枚の石板に刻みました。

やがて一行は約束の地カナンの手前に到着しましたが、カナンにはすでに別の民族が暮らしていました。

偵察者が偽情報を流し、イスラエルの民がカナンに進むのを恐れて反対したため、神が激怒。反対者が死に絶えるまで40年、イスラエルの民は荒野を彷徨《さまよ》う羽目となりました。

原典を読みたくなる聖書のはなし

「出エジプト記」16章によると、神はイスラエルの民がカナンの地に着くまで、民が空腹に悩まされると、奇跡によって助けています。宿営の周りに降りた露が蒸発すると、**「見よ、荒れ野の地表を覆って薄くて壊れやすいものが大地の霜のように薄く残っていた」**とあり、人々はこれをマナと呼んで、パンの代わりに食べ続けました。

3ポイントでわかる聖書

- モーセが海をふたつに分け、エジプト軍を振り払う。
- モーセが神から十戒を授けられる。
- カナンにはすでに別の民族が暮らしていた。

イスラエルの民の出エジプトと十戒

イスラエルの民の出エジプトのルートは南行ルートと北行ルートのふたつが有力視されており、モーセが海を割ったという葦の海についても2説が挙げられている。

モーセ、海を割って人々を渡らせる。

絵画：『紅海渡渉』ニコラ・プッサン／ビクトリア国立美術館（ビクトリア／オーストラリア）

北行ルート
南行ルート
葦の海比定地
エリコ
死海
モアブ
葦の海？
カナン
ラメセス
バアル・ツェフォン
カデシュ・バルネア
スコト
葦の海？
メンフィス
ナイル川
シナイ半島
エツィオン・ゲベル
イスラエルの民、金の雄牛を祀り、神の怒りを買う。
紅海
エジプト
シナイ山

モーセ、十戒を授かる。

一、あなたには、わたしをおいてほかに神があってはならない。
二、あなたはいかなる像も造ってはならない。
三、あなたの神、主の名をみだりに唱えてはならない。
四、安息日を心に留め、これを聖別せよ。
五、あなたの父母を敬え。
六、殺してはならない。
七、姦淫してはならない。
八、盗んではならない。
九、隣人に関して、偽証してはならない。
十、隣人の家を欲してはならない。

絵画：『十戒の石板を叩き割るモーセ』レンブラント・ファン・レイン／絵画館（ベルリン／ドイツ）

聖書豆知識

神と人との間を取り持ってきたモーセですが、1度だけ神の命令に背いた代償として、荒野で死ぬことが定められていました。モーセはアバリム（ネボ）山に登ってカナンを見渡し、モアブの地で死を迎えました。

ヨシュアのカナン侵攻

神の加護を受けたイスラエルの民が、カナンの異民族を征服する

モーセが死に際して、後継者としたのは、ヨシュアという人物です。

彼は、民を率いてカナンの都市国家の征服に乗り出します。

まずはヨルダン川西岸のエリコの町の攻略を目指し、ふたりのスパイを町に送り込みました。スパイは町に住む娼婦ラハブの家に潜り込みますが、すぐにエリコ王の捜索隊に気づかれてしまいます。

しかしラハブが機転を利かせてスパイはもう帰ったと捜索隊を追い返しました。おかげでふたりは無事、ヨシュアのもとへ戻り、エリコの様子を報告することができました。

神の加護でカナンを征服

ヨシュア率いるイスラエルの民の軍勢は、神の加護を受けてエリコの攻略に向かいます。十戒の石板を納めた契約の箱を抱えた者たちが足を水に浸すと、ヨルダン川の水がせき止められ、軍勢は難なく向こう岸に渡ることができました。

さらにエリコの町は頑丈な城壁に囲まれていましたが、ここでも「兵士は皆、角笛を鳴らしながら契約の箱を担いで1日1回ずつ城壁の周りを回れ。7日目は早朝から7回りし、角笛の音が聞こえたら、勝どきをあげよ」という神の命令がヨシュアに下ります。民が命令に従うと、エリコの城壁が崩れ去ったのでした。

続いて西の都市アイを攻略すると、これを見た周辺の5つの町の王は同盟を結んでイスラエルの民に対抗します。

しかし神の加護を受けるイスラエルの民に太刀打ちすることはできませんでした。

こうしてイスラエルの民は、抵抗した町の人々を皆殺しにするか、奴隷にしながら、カナンの地を征服していきました。

原典を読みたくなる聖書のはなし

十戒の石板を納める契約の箱の形状については、「出エジプト記」第25章に、**「寸法は縦2.5アンマ、横1.5アンマ、高さ1.5アンマ。純金で内側も外側も覆い……」**と細かい寸法の描写がなされています。また、一対のケルビム（天使）像があしらわれていたとされ、豪華なつくりであったことがうかがえます。

3ポイントでわかる聖書

- ヨシュアがカナンの征服に乗り出す。
- 神の助けを受け、ヨシュアらはカナンの町を征服する。
- 征服地はイスラエルの十二部族に分け与えられた。

カナンに定住したイスラエルの民

カナン征服後、イスラエルの民は部族ごとに土地を分配され各地に定住した。祭司一族であるレビ族は土地を与えられず、12部族から町を提供されて暮らした。

ヨシュアによるエリコの攻略

エリコは堅固な城壁に囲まれていたが、「角笛を鳴らしながら契約の箱を担いで城壁の周りを1日1周しろ。7日目には早朝から7周し、角笛の音とともに勝どきをあげろ」という神の命に従い、城壁を崩壊させたという。

崩壊したエリコの城壁。

契約の箱。中にはモーセが与えられた十戒の石板が納められている。

ケデシュ
[バシャン]
ナフタリ
マナセ
ゴラン
ガリラヤ湖
アシェル
[ギレアド]
ゼブルン
イサカル
ラモト・ギレアド
マナセ
ガド
エフライム
ティムナト・セラ
[アンモン]
ダン
ヨルダン川
ベニヤミン
ベツェル
[ペリシテ]
エルサレム
ルベン
地中海
ユダ
ヘブロン
死海
シメオン
[モアブ]
逃れの町
[ ] 周辺民族
イスラエル十二部族

聖書豆知識

エリコでふたりのスパイをかばったラハブは、町の陥落に際して一族とともに命を救われています。新約聖書の「マタイによる福音書」によると、彼女はイエスの先祖のひとりとされています。

士《し》師《し》の時代

異教を信仰し神の怒りを買った民に士師が遣わされる

ヨシュアの時代が遠ざかると、イスラエルの民は出エジプトからカナン征服までの苦労と栄光を忘れ、堕落していきます。

異民族の娘と結婚し、自分たちを救い出した神から離れ、土着の異民族の神を崇拝する者まで現れたのです。神はこの行為を許さず、イスラエルに外敵を侵入させました。

すると、イスラエルの民は自らの過ちに気付き、悔い改めて神に助けを求めます。そこで神はカリスマ性を備えた軍事指導者にして救済者である士師《しし》を遣わします。

この士師が戦いの指揮をとって外敵を退散させ、イスラエルの民は再びカナンの支配者となりました。

しかし民は平和が続くと再び神に背き、同様の罰を受けては、士師によって救われるというサイクルを何度も繰り返し、結果的に12人以上の士師が送り込まれました。

剛勇の士師サムソンの最期

多くの士師のなかでも特に有名なのが、剛勇のサムソンです。サムソンは、イスラエルの民が鉄製の武器を持つペリシテ人の支配下にある時代に登場します。神のお告げで髪を伸ばしたまま成長したサムソンは、その剛力でペリシテ人を打倒します。

しかしペリシテ人と通じる美女デリラに魅かれたことが彼の運命を狂わせました。当初彼は、弱点を探ろうとするデリラに嘘の弱点を教えて翻弄していましたが、ある時、つい髪を切ると力を失うという真実をもらしてしまいます。

髪を切られて力を失いペリシテ人に捕えられたサムソンは、ペリシテの地に連行されました。しかし、最後に神の計らいで力を取り戻し、ペリシテ人の神殿を壊すと、自らもその崩壊のなかで最期をとげました。

原典を読みたくなる聖書のはなし

サムソンの物語は、「士師記」第13章から第16章にかけて記されています。サムソンの母は不妊でしたが、彼女のもとに神の使いが現れ、**「その子は胎内にいるときから、ナジル人として神に捧げられているので、その子の頭にかみそりを当ててはならない」**という指示を残したのでした。

3ポイントでわかる聖書

- 異教に傾倒したイスラエルの民は異民族の支配を受ける。
- 悔い改めた民が、神に助けを求めると、神は士師を送ってイスラエルの民を救った。
- このサイクルは7回も続いた。

サムソンとデリラの物語

士師のなかでももっとも有名な人物が怪力の士師サムソン。その怪力でペリシテ人をたびたび懲らしめたが、美女にめっぽう弱く、ペリシテ人と通じた美女デリラにのめり込み、破滅を招いてしまう。

❶ デリラ
デリラはサムソンの怪力の秘密が髪にあることをサムソンから聞き出し、ペリシテ人に髪を切らせる。
❷ サムソン
髪を切られるサムソン。髪を切られたことで力を失ったサムソンは、ペリシテ人によって目をつぶされてしまう。
❸ ペリシテ人たち
この後サムソンはペリシテの地に連行されるが、同地で神に祈って力を取り戻すと、神殿を破壊して多くのペリシテ人を道連れに壮絶な最期を遂げる。

※絵画：『サムソンとデリラ』ピーテル・パウル・ルーベンス／ナショナル・ギャラリー（ロンドン／イギリス）

士師の時代の流れ

カナンを征服したイスラエルの民であったが、その後は周辺に暮らす異民族の浸食にさらされる。士師の時代はそうしたなかでイスラエルの民が異教へ傾倒して神の怒りを買い、悔い改めると士師が遣わされるというサイクルが繰り返された。

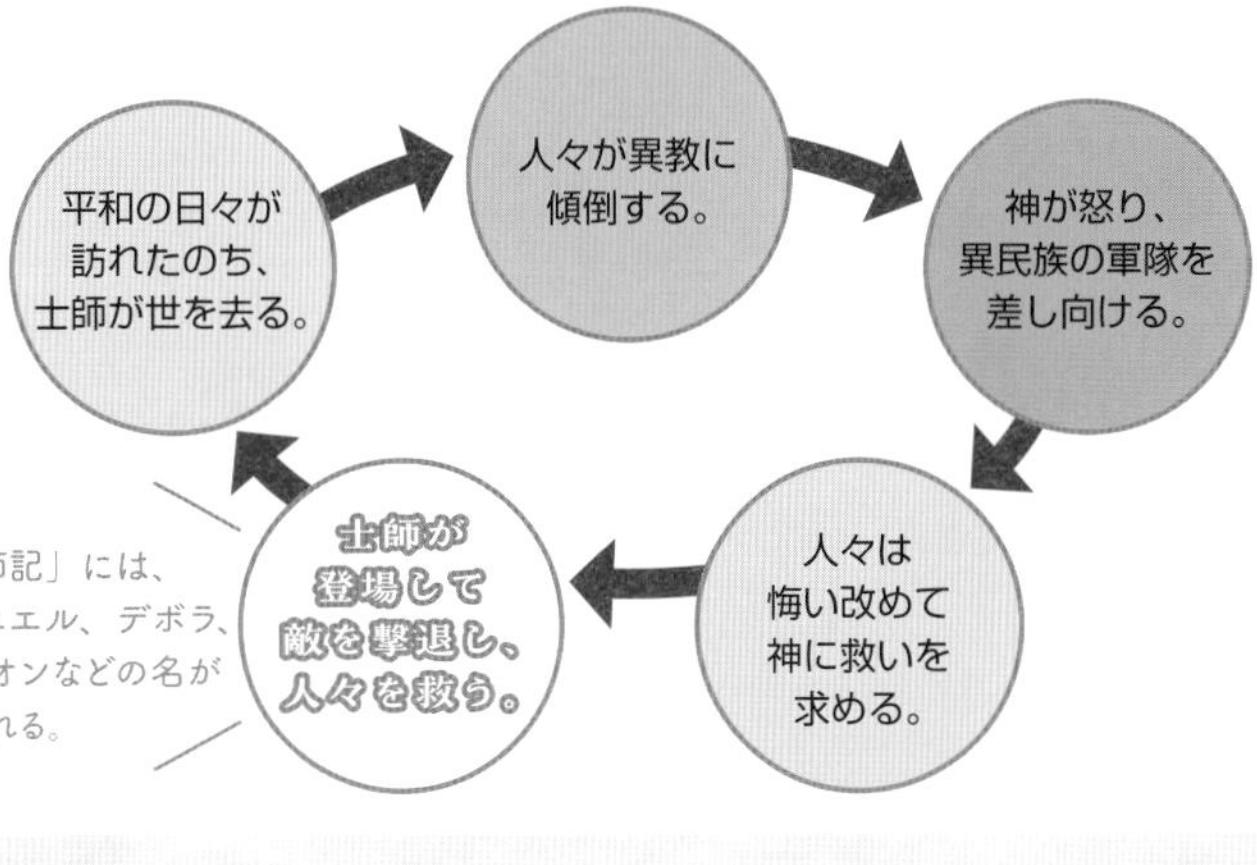

人々が異教に傾倒する。
神が怒り、異民族の軍隊を差し向ける。
人々は悔い改めて神に救いを求める。
士師が登場して敵を撃退し、人々を救う。
平和の日々が訪れたのち、士師が世を去る。

「士師記」には、オトニエル、デボラ、ギデオンなどの名が見られる。

聖書豆知識
士師の時代、モアブで夫と息子を失ったナオミは、息子の妻でモアブ人のルツを連れて故郷のベツレヘムへと戻ります。ルツは裕福な親戚ボアズの畑で刈り残された落穂を拾ってナオミとの生活を支え、やがてボアズと再婚。ダビデ王の祖父となるオベドを出産しました。

預言者サムエル

サムエルはペリシテ人の圧迫からイスラエルの民を救う

エフライム族のエルカナとハンナは長年、子に恵まれなかったため、神に祈り、子を授かった際には生まれた子を神に捧げると誓いました。

そして生まれたサムエルは、乳離れの頃に契約の箱が安置されるシロの聖所の祭司エリのもとへ預けられます。

このエリのふたりの息子は、私欲に走って神に背く不徳な息子たちでしたが、エリは彼らをかばい続けました。

そんなある日、サムエル少年は神の声を聞きます。

それは残酷なことにエリの破滅を預言していました。この日以降、サムエルは神に選ばれた者となり、預言者として成長します。

奪われた契約の箱とサムエルの奮起

その頃、イスラエルは鉄製の武器を持つペリシテ人の圧迫に苦しめられていました。

イスラエルの民は、エリの息子たちとともに契約の箱を押し立てて抵抗しますが、大敗し契約の箱も奪われてしまいます。

エリの息子たちは殺され、それを聞いたエリもショックのあまり倒れ、その拍子に首の骨を打って死んでしまいました。

一方、契約の箱を手に入れたペリシテ人でしたが、伝染病の発生や鼠《ねずみ》の大発生など不吉なことが続いたので、気味悪がって契約の箱をイスラエルへ送り返してきました。

この頃サムエルは、敗北の原因が、人々が異教の神を崇拝し、イスラエルの神に対する背信を行ったことにあると知ります。

そこでイスラエル中を回って民に悔い改めと神への信仰を説いた結果、人々は信仰を取り戻し、異教の神を排除しました。

こうしてサムエルは新しい指導者となってペリシテ人に挑み、勝利をおさめたのです。

3ポイントでわかる聖書

- サムエルは神の声を聞き預言者となる。
- イスラエルはペリシテに敗れ、契約の箱も奪われる。
- サムエルが軍を率いてペリシテ人を撃破する。

原典を読みたくなる聖書のはなし

「サムエル記上」第3章に、サムエルが預言者の力を得たときの話が描写されます。ある晩、何者かに3度呼びかけられた少年サムエルが、エリに呼ばれたものと考えてエリのもとへ向かいました。エリはサムエルを呼んだのが神と悟り、また呼ばれたら、**「主よ、お話しください。僕は聞いております」**と答えるよう伝えたのでした。

士師と預言者を務めたサムエルの生涯

サムエルの生涯は、最後の士師・最初の預言者として活躍した前半生と、キングメーカーとしての役割を担った後半生に分かれる。

士師の時代

紀元前1050年頃

- サムエル誕生
- 3歳の頃、シロの聖所の祭司エリに預けられる。
- 神からの啓示を受ける。
- 預言者として民の信頼を得る。

王制時代

紀元前1020年頃

- 王の指名を求める民の要請を聞き、神の啓示に従ってサウルに油を注ぐ（王とする）。
- サウルがイスラエル王として即位する。
- 神に従わないサウルと決別する。
- 神の指示によってダビデに油を注ぐ。
- サムエル死去

霊媒師を介して呼び出されたサムエルの亡霊。神に見放され、異教の霊媒師に頼ったサウルに対し、ギルボア山の戦いで息子諸共戦死することを告げた。

神から下った啓示をエリに伝えるサムエル。サムエルはすでにエリが神から告知されていたエリの一家の破滅が免れないことを告げられたという。

聖書豆知識

鉄製の武器を操るペリシテ人のルーツは、一説には紀元前12世紀頃、東地中海を南下してヒッタイトを滅ぼした「海の民」の一派ともいわれます。東地中海の沿岸に定着し、ガザやエクロンなどの都市を築きました。パレスティナの地名はこのペリシテ人に由来します。

サウル王の誕生

サムエルは民の求めに応じ、ベニヤミン族の若者を王に指名する

ペリシテ人を撃退した預言者サムエルでしたが、彼を継いだふたりの息子は、エリの息子たちのように不正ばかりを働きました。

そのためイスラエルの民は防衛のために戦いを指揮する王をサムエルに求めるようになります。人々を支配するのは唯一の神だけと考えていたサムエルはこの願いを退けますが、民の声を聞くようにという神の意志もあり、王にふさわしい人物を探し始めます。

そんな時、サムエルのもとに家畜のロバの行方を占ってほしいとやってきたのが、ベニヤミン族で美しい容姿を持つサウルという若者でした。サウルは周りの人の意見にきちんと耳を傾ける謙虚な若者でした。

サウルこそ神が選んだ王であると理解したサムエルは、彼の頭の上に油を注ぎます。油を頭に注がれた者は神に仕える特別な者として、ほかの者とは区別され、特別な力を持つようになります。これを「聖別される」といいます。

その後、サムエルはイスラエルの部族を集めて王を選ぶくじ引きをさせると、サウルが選ばれました。こうしてサウルは神により、イスラエルの初代の王に選ばれたのです。

増長したサウル王

王となったサウルは十二部族をまとめてアンモン人を打ち破り、強敵のペリシテ人とも互角に戦うなど外敵を撃退し、民の厚い信頼を得ていきます。

しかし王として権威が高まるにつれ、当初は謙虚だったサウルも、次第に増長していきました。祭祀を担うサムエルのいないところで勝手に儀式を主催したり、アマレク人とその家畜を一切滅ぼし尽くせという神の命に背くなど、背信行為を行うようになります。失望したサムエルはサウルのもとを去りました。

原典を読みたくなる聖書のはなし

王を求める民と信仰の間で葛藤するサムエルの姿が、「サムエル記上」第８章に記されます。

サムエルは神に王を立てることの是非を尋ねる一方で、民に対しては**「あなたたちは王の奴隷となる。」**と王政の短所を簡潔に伝え、王の権能の範囲を明確に示すのでした。

3ポイントでわかる聖書

- サムエルはベニヤミン族の若者を王に選出する。
- サウルは戦いを指導し、民衆の信頼を得る。
- サウルが傲慢になると、サムエルはサウルのもとを去る。

サウルの栄光と挫折

台頭期

イスラエル初代の王として即位。

↓

外敵を次々に撃退。

↓

絶頂期

民の篤い信頼を得て、王国を繁栄に導く。

↓

サウルが王となった経緯

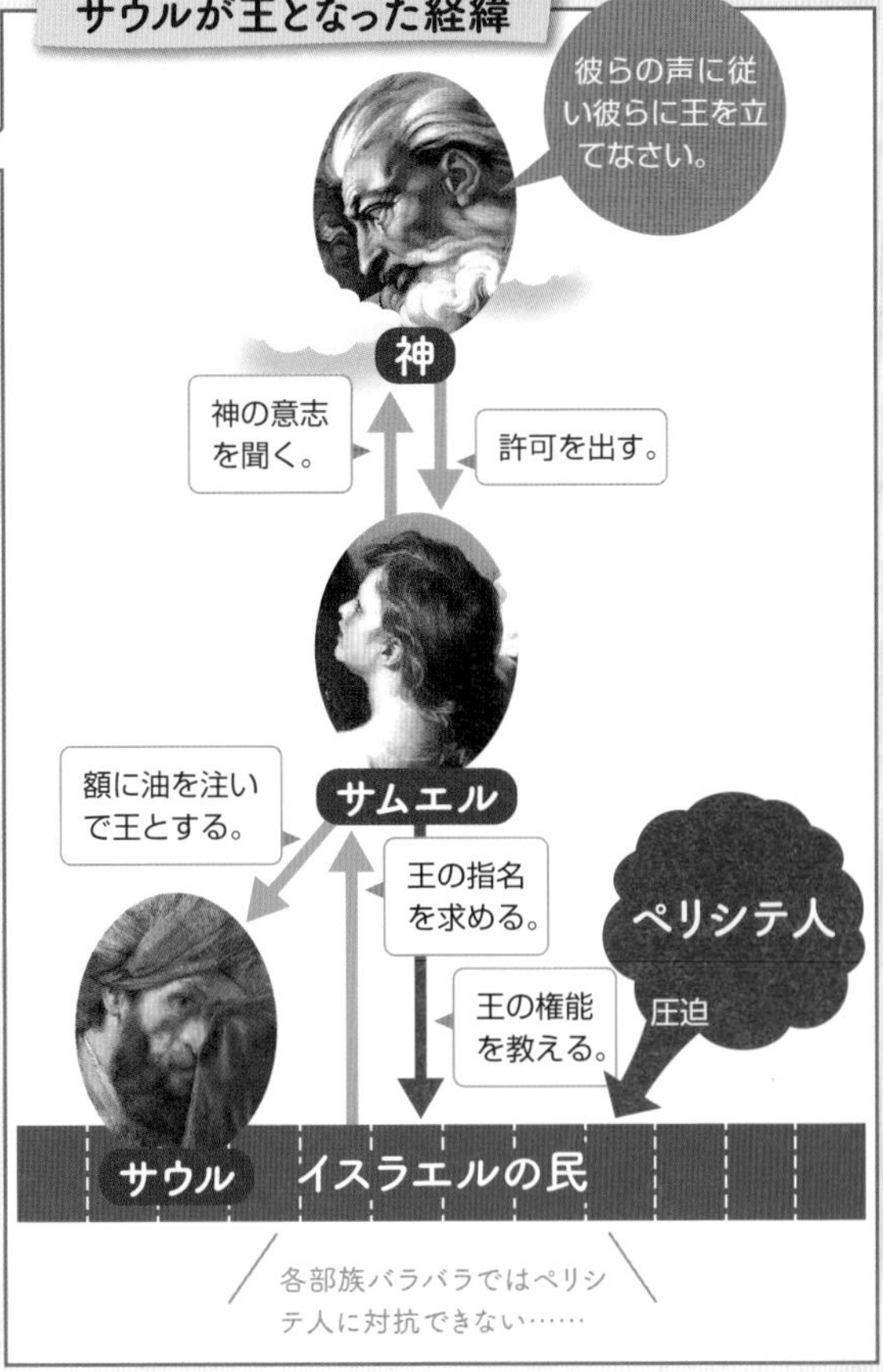
彼らの声に従い彼らに王を立てなさい。
神
神の意志を聞く。
許可を出す。
サムエル
額に油を注いで王とする。
王の指名を求める。
王の権能を教える。
ペリシテ人
圧迫
サウル
イスラエルの民
各部族バラバラではペリシテ人に対抗できない……

没落期

神の命令に背く。
- 儀式をサムエルの到着を待たずに強行した。
- 「アマレク人と家畜を皆殺しにしろ」という神の命令を無視して、王と良い家畜を生き残らせた。

↓

寵愛していたダビデに嫉妬し、殺害を企てる。(▶P.54)

↓

ペリシテ人との戦いに敗れ、剣でノドを突いて絶命する。 自害

聖書豆知識

預言者は、予知能力者ではなく神の神託により未来を語る人のこと。預言の大半は、神の啓示を受けて人々に警告したり、神と人々の間を取り持ったり、神に従わない人や社会に苦言を呈したりすることでした。

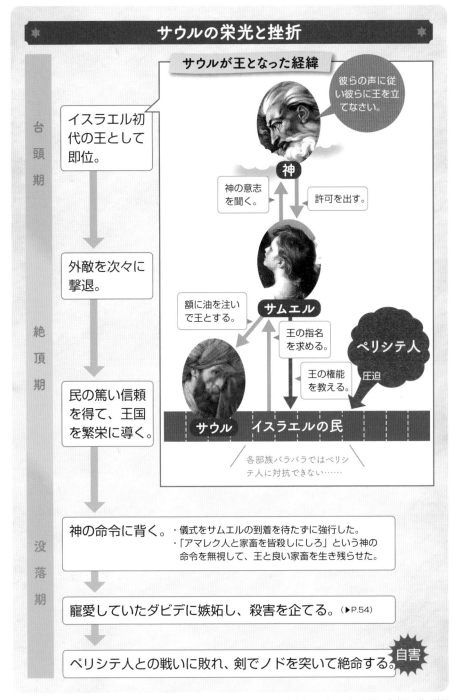

ダビデとゴリアト

サウルに代わって神に選ばれた青年が、南北イスラエルを統一する

サウルのもとを去ったサムエルは、神の指示を受けて赴いたベツレヘムで、瞳の美しい少年ダビデと出会い、油を注いで聖別します。ダビデはルツ（▼P.49）のひ孫にあたり、羊飼いをしていました。

その頃、サムエルに見放されたサウルは、不安に駆られて鬱《うつ》状態となっていましたが、ダビデの竪琴の音色と澄んだ歌声に癒されます。容姿に優れ、勇敢な戦士でもあるダビデはサウルに信頼され、仕えることになりました。

ダビデがゴリアトに一騎打ちを挑む

回復したサウルがペリシテ人との戦いを再開すると、巨人のゴリアトが一騎打ちを挑んできます。イスラエル軍はひるみますが、そこに名乗り出たのがダビデでした。ダビデは鎧も剣も身に付けず、石を入れた袋と石投げ紐だけを手にゴリアトに挑みます。

すると、ダビデが投げた石がゴリアトの眉間に命中。ダビデは倒れた巨人から剣を奪うと、その首を切り落としました。

この勝利によって英雄となったダビデは、サウルの娘ミカルと結婚。その後も華々しい戦果を挙げ、民衆の喝采を浴びましたが、サウルはそんなダビデに嫉妬し、殺害を企《たくら》むようになります。身の危険を感じたダビデは、ペリシテの地に逃亡しました。

やがてサウルの死後、王国は南北に分裂します。これを好機と捉えたダビデは、ヘブロンの地で南部の王となります。のちに北に進撃して勝利をおさめ、イスラエルを統一。サウルに続く2代目の王となりました。

さらにペリシテ人も撃破し、イスラエルに平和をもたらしたダビテは、エルサレムを首都と定めて契約の箱を運び入れ、エルサレムを宗教的にも重要な地とするのでした。

原典を読みたくなる聖書のはなし

サウルに疎まれたダビデの逃走劇が記されるのは、「サムエル記上」第19章から第30章にかけて。サウルの子で親友のヨナタンの助けを受けて脱出に成功したダビデは、その後、実は逃避行の過程で追撃してくるサウルを殺害する機会に二度も恵まれています。しかし、ともにサウルの命を奪うことなく見逃しています。

3ポイントでわかる聖書

- サムエルはベツレヘムでダビデを聖別する。
- ダビデが一騎打ちでゴリアトを倒す。
- ダビデはイスラエル統一王国の王となる。

ダビデとサウルの関係

ダビデはサウルを癒して信頼を得ると、ペリシテ人との戦闘で、巨漢ゴリアトを倒し武名を挙げた。しかしこれにサウルが嫉妬し、イスラエルを追われることとなる。

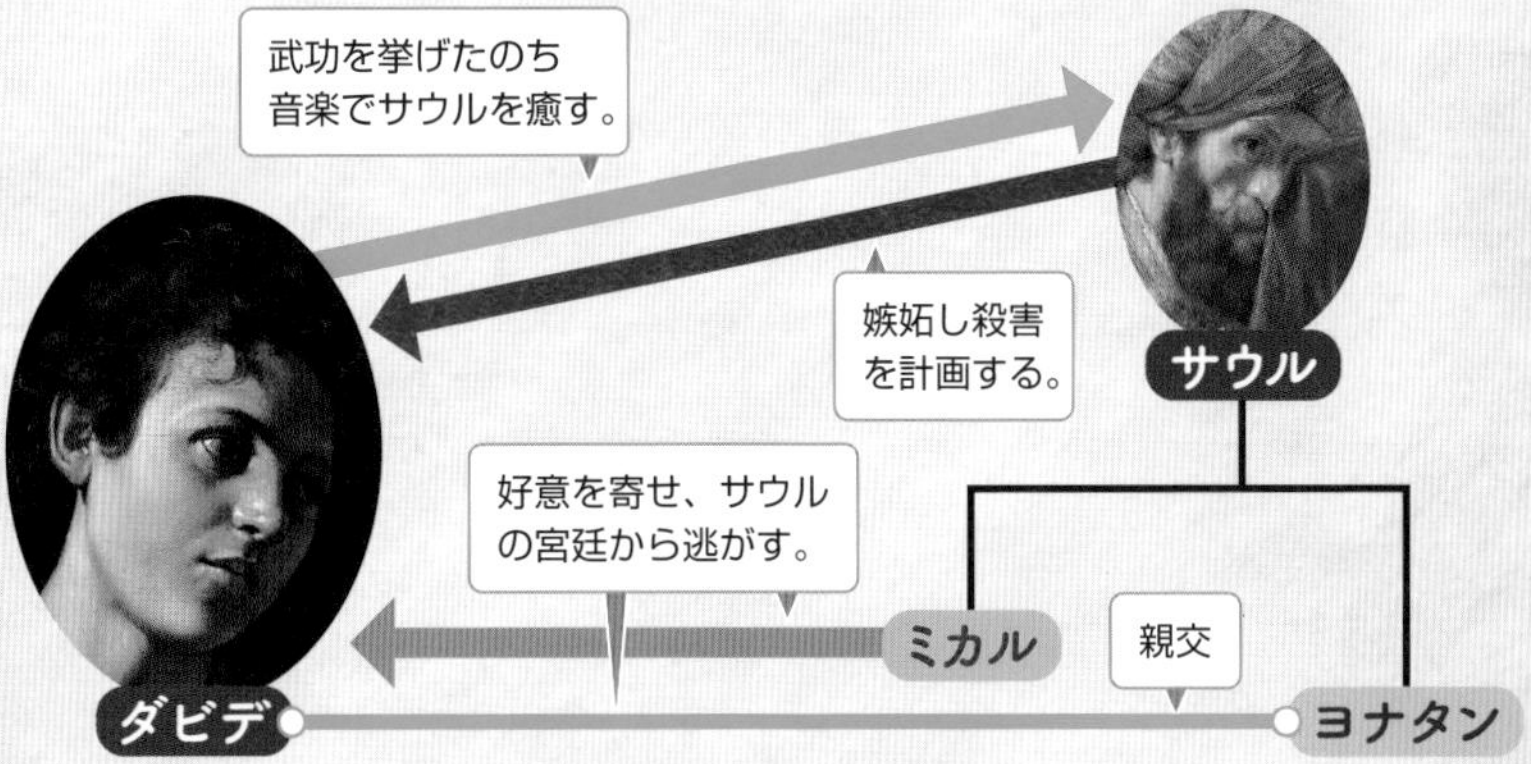
武功を挙げたのち
音楽でサウルを癒す。
嫉妬し殺害
を計画する。
サウル
好意を寄せ、サウル
の宮廷から逃がす。
ミカル
親交
ダビデ
ヨナタン

ダビデの武勲

ダビデが出世の糸口をつかんだのは、ペリシテ人の巨漢ゴリアトを投石によって討ち取ったときのことである。

額にある傷はダビデの投石を食らったときのもの。ダビデを少年と侮ったゴリアトは、ダビデの投石を受けて気絶し、首を取られたのだった。

ダビデはこの時すでにサムエルから次期国王となるために、油を注いでもらっていた。

ゴリアトの巨大な首は画家カラヴァッジョの似顔絵ともなっている。

※『ゴリアテの首を持つダヴィデ（ウィーン版）』ミケランジェロ・メリージ・ダ・カラヴァッジョ／美術史美術館（ウィーン／オーストリア）

聖書豆知識

ダビデが去ったあと、サウルは異教の呪術を使って呼び出したサムエルの霊に自身の死の預言を受けます。預言通りイスラエル軍はペリシテ人に大敗し、サウルの息子たちは戦死、サウルも剣の上に倒れ自決しました。

バト・シェバ事件

垣間見に始まった英雄王の晩年に影を落とすスキャンダル

イスラエルを統一したダビデは、後世の王の象徴、理想の王として名を遺しました。

国民にも慕われ栄光を手にしたダビデでしたが、その晩年、先王と同じく過ちをおかしています。

ある日、ダビデは王宮の屋上から美女が水浴をしている姿を目撃し、その美しさに心ひかれます。彼女は王国に仕える将軍ウリヤの妻バト・シェバでした。彼女を気に入ったダビデは、家臣の妻であることなどお構いなしにこの美女を王宮に呼び寄せ、男女の関係を持ちます。

すると、間の悪いことに彼女が妊娠してしまいました。当時、ウリヤは従軍して都を不在にしていたため、このままでは不義の子が生まれ、自分の罪が明らかになってしまいます。

ダビデはそれを何とか隠そうと、ウリヤの子に見せかけるべく画策。まずはウリヤを都に戻し、妻と同衾《どうきん》させせようとしたのですが、彼は戦いの最中であるからと拒み、ダビデの企みは失敗に終わりました。

するとダビデはこの夫を激戦地に送り込み戦死させるという、王としてあるまじき隠蔽工作を働いたのです。

こうして未亡人となったバト・シェバをダビデは妻に迎えました。

神の怒りで罰が下されたダビデ王

しかし神はこの不義を見ていました。ダビデの不義に怒り、預言者ナタンを通してダビデに罰を下すことを告げます。ダビデは後悔するも、バト・シェバが生んだ子は生後7日で死んでしまいました。さらにこの報いが晩年のダビデとその子たちに不幸をもたらすことになります。

子供たちは兄弟間での争いを始め、また、息子アブサロムに至ってはダビデに反乱を起こし、父子の対決という悲劇が生じたのでした。

原典を読みたくなる聖書のはなし

ダビデに与えられた罰は主に3つ。ひとつ目が「**あなたの家の者の中からあなたに対して悪を働く者を起こそう**」。「**あなたの目の前で妻たちを取り上げ、あなたの隣人に与える**」。これはアブサロムの反乱とその被害を示しています。そして、「**生まれてくるあなたの子は必ず死ぬ。**」と通告。赤子は生後7日にして没しました。

3ポイントでわかる聖書

- ダビデは家臣の妻の水浴する姿を見てひと目惚れする。
- ダビデは家臣をわざと戦死させる。
- ダビデの行為が神の怒りに触れ、一族に罰が下る。

一族に内紛をもたらしたダビデの不義

王となったダビデは、ある時、城の塔から沐浴する美女を目撃し、ひと目惚れしてしまう。彼女は部下の将軍ウリヤの妻バト・シェバであったが、どうしても彼女を手に入れたいダビデは、ウリヤを激戦地へ送り戦死させてしまう。

激戦地へ送り
戦死させる。
ダビデ
ダビデがバト・シェバを目撃した塔として、現在エルサレム旧市街にダビデの塔が伝わっている。
水浴する姿を見てひと目惚れ。ウリヤ戦死後、妻としてしまう。
=
律法に背く行為
イスラエル王国の将軍
ウリヤ
バト・シェバ

※絵画：『バト・シェバの水浴』ジャン=レオン・ジェローム（個人蔵）

ダビデの不義に神は怒り、ダビデ一族を崩壊させる。

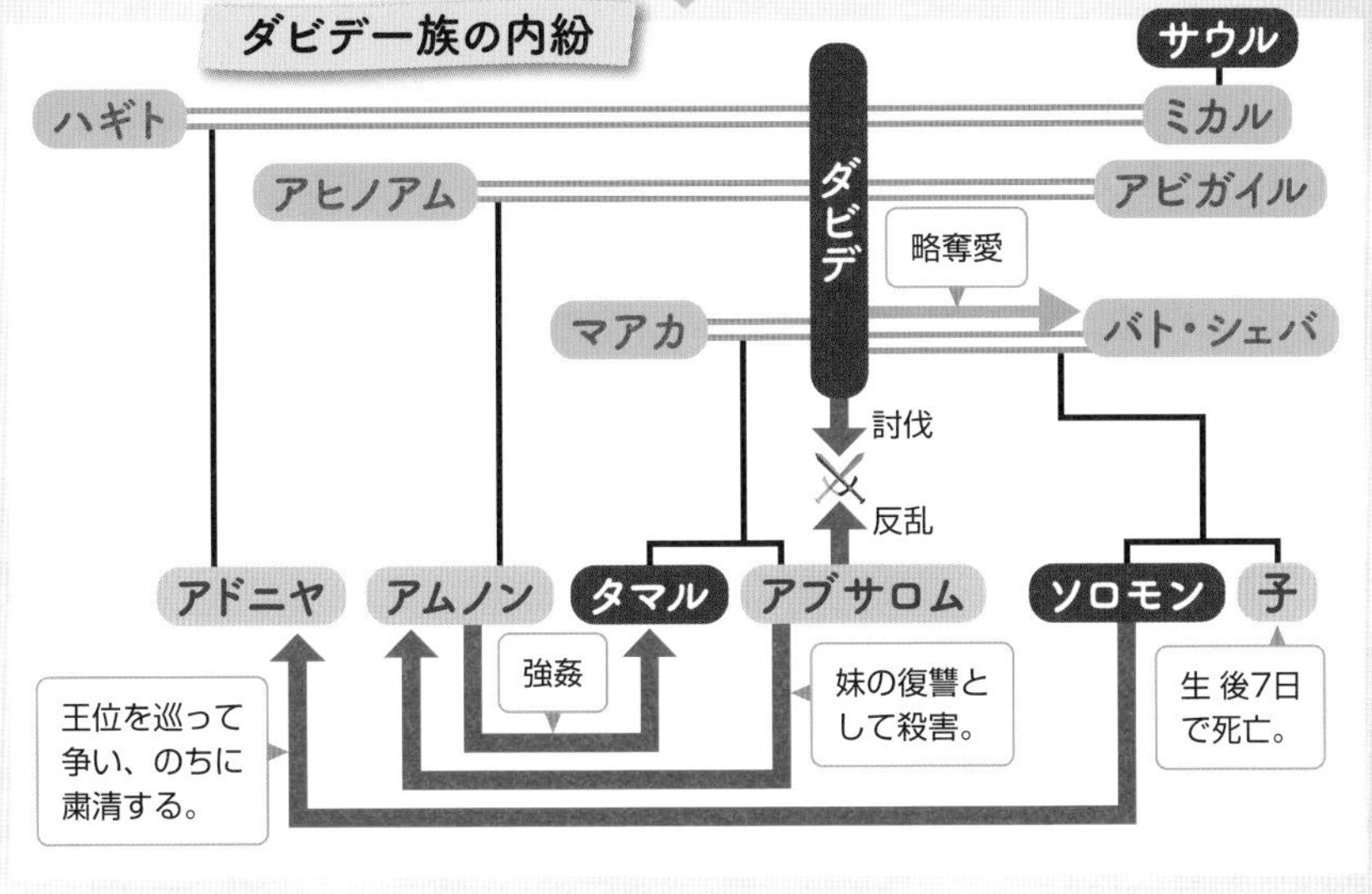

ダビデ一族の内紛
サウル
ハギト
ミカル
アヒノアム
アビガイル
ダビデ
略奪愛
マアカ
バト・シェバ
討伐
反乱
アドニヤ
アムノン
タマル
アブサロム
ソロモン
子
強姦
妹の復讐として殺害。
王位を巡って争い、のちに粛清する。
生後7日で死亡。

聖書豆知識

ダビデの長男アムノンは異母妹タマルに乱暴を働きます。それに激怒したタマルの同母兄アブサロムはアムノンをだまし殺害しました。国を追われたアブサロムは、ダビデに反旗を翻しますが、最後は敗れて惨殺されました。

ソロモン王の治世

大いなる知恵を授かった王の下でイスラエル王国が全盛期を迎える

ダビデの晩年、多くの息子の中でも最年長のアドニヤとバト・シェバの子のソロモンが王位を争います。勝手に即位を宣言するアドニヤに対し、バト・シェバがダビデを説得し、ソロモンが後継者に選ばれます。

ダビデの死後、アドニヤを排除して王となったソロモンは優れた手腕でイスラエル王国を全盛期へと導きます。役人の配置や徴税制度を整えて中央集権化を進め、各地に戦車隊の町々を置いて軍事力も高めました。

また、諸国との貿易で莫大な利益を上げ、700人の王妃とともに豪勢な宮廷生活を送ったといわれます。

特筆すべきは大規模な建設事業で、フェニキアから建築家を呼び、宮殿や官庁、神殿を次々と建設しました。ソロモンが築いた高さ約13mのエルサレム神殿は、純金で覆われていたといわれ、そこに契約の箱も安置されました。

神から知恵を授けられたソロモン王

さらに神から望みをかなえると言われたソロモンは、「善と悪を判断できて民を正しく裁けるように、聞き分ける心が欲しい」と願い、知恵に恵まれた王となります。

たとえばふたりの女性がひとりの赤子を我が子と主張して譲らなかった際には、赤子をふたつに裂いて分けると答え、譲った女性が本物の母親と見抜いた話が有名です。

このソロモン王の名声を聞いて、その知恵を試そうと、シェバの女王が多くの金銀を携えてやってきます。女王はソロモンに次々と難問を浴びせましたが、ソロモンはすべてによどむことなく答え、女王を感心させました。

このシェバとは現在のエチオピアとも言われ、彼女とソロモンの間に生まれたメネリク一世が、エチオピア皇帝の先祖とも言われています。

3ポイントでわかる聖書

- ソロモンがダビデの後継者となる。
- ソロモン王はイスラエルに栄華をもたらす。
- ソロモンはその知恵をもってシェバの女王を感心させる。

原典を読みたくなる聖書のはなし

「列王記上」2章によると、ダビデは死に際してソロモンを呼び、**「あなたの神、主の務めを守ってその道を歩み、モーセの律法に記されているとおり、主の掟と戒めと法と定めを守れ。」**と遺言しました。ダビデ、ソロモンおよびそれ以降の歴代のイスラエル・ユダの王の伝記は、「列王記上下」「歴代誌上下」に記されます。

ソロモンの王国と宮殿

イスラエル王国全盛期の王ソロモンは、壮大な宮殿や神殿を建て、エルサレムは栄華を誇った。ソロモンの名は諸国に鳴り響き、シェバの女王も来訪したという。

レバノン杉の列柱
宮殿内にはレバノン杉でつくられた巨大な柱が林立していたという。

宮殿の描写
ソロモンの宮殿は「レバノンの森の家」と呼ばれ、奥行き100アンマ、間口50アンマ、高さが30アンマに及び、各列15本、計45本の柱が林立していた。

ソロモン
シェバの女王

シェバの女王のプレゼント
シェバの女王は非常に多くの香辛料、金120キカル、宝石をソロモンに送ったといわれる。

※絵画：『シェバの女王のソロモン王訪問』エドワード・ポインター／ニュー・サウス・ウェールズ州立美術館（シドニー／オーストラリア）

ソロモンの王国

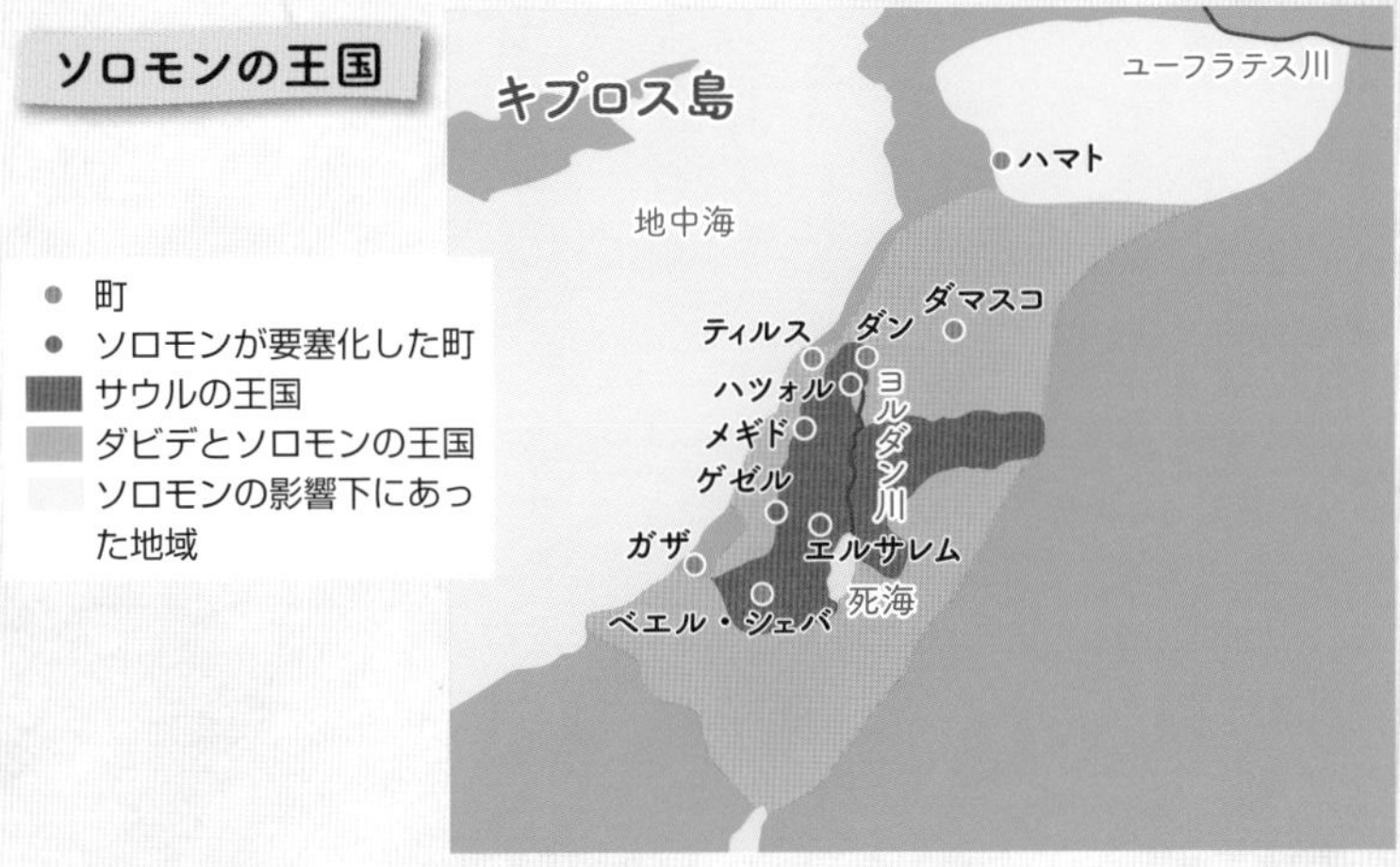
キプロス島
ユーフラテス川
ハマト
地中海
ダマスコ
ティルス
ダン
ハツォル
ヨルダン川
メギド
ゲゼル
エルサレム
ガザ
死海
ベエル・シェバ
町
ソロモンが要塞化した町
サウルの王国
ダビデとソロモンの王国
ソロモンの影響下にあった地域

聖書豆知識
ソロモンは近隣の国々から妃たちを迎えると、各自が信じる異教の神の信仰を許しました。その結果、王宮に次々と異教の神の神殿が築かれ、異教崇拝、偶像崇拝が行われたのです。これが神の怒りを買い、王国の栄光に陰りが見え始めました。

エリヤとアハブ王

北王国の預言者エリヤが異教へと傾倒する王を戒め、改心させる

異教崇拝や偶像崇拝を行うソロモン王に怒った神は、ついにイスラエル王国を分裂させる罰を下します。

ソロモンの死後、王国を継いだ息子レハブアムに従ったのは、十二部族のうち、ユダ族とベニヤミン族のみでした。

その結果、イスラエル王国は、レハブアムの統治するユダ王国（南王国）、それ以外の十部族の指導者ヤロブアムが統治するイスラエル王国（北王国）に分裂しました。

北王国はサマリアを首都と定めて、エルサレムへの巡礼を禁じ、代わりに金の雄牛像を拝む異教信仰を広めます。

その結果、北王国の政権は安定しませんでしたが、7代目のアハブ王が南王国と婚姻を介して同盟を結び、関係を改善する一方、アラム王国に奪われた領地を奪還し、一時の栄華をもたらしました。

異教崇拝の顛末

しかし、アハブ王は異国出身の王妃イゼベルの影響で、異国のバアル神を信仰していました。そんな王に始祖伝来の神への信仰を取り戻すよう戒めていたのが預言者エリヤでした。

エリヤは干ばつによる飢饉が3年にわたって続いた際、バアルの司祭450人と対決して見事神の火を降《くだ》らせ、イスラエルの神の力を示します。しかしこれがイゼベルの怒りを買い、エリヤは逃亡を余儀なくされました。

その後もアハブは行いを改めず、市民のナポトが神から授かった宮殿の隣のブドウ園を奪い、ナポトを処刑するなどの横暴を働きます。するとエリヤが再び現れてアハブ家の断絶を預言し、ここに至りアハブ王はついに罪を悔いて改心しました。一方で改心しなかったイゼベルは、のちに王となったイエフに殺害されました。

3ポイントでわかる聖書

- ソロモン王の死後、イスラエル王国は南北に分裂する。
- 北のイスラエル王国は異教の神を信仰した。
- アハブ王は預言者エリヤの戒めにより改心した。

原典を読みたくなる聖書のはなし

アハブを改心させたあと、天に召される日が近いことを悟ったエリヤは、弟子のエリシャとともにヨルダンへ向かいます。すると、そこに天から炎の戦車が現れ、エリヤを乗せて天へ昇っていったのでした。こうしたエリヤの昇天の場面は、「列王記下」第２章に見ることができます。

イスラエル王国とユダ王国

ソロモンの没後、イスラエル王国は南北に分裂。異教崇拝が盛んになっていた北王国では、7代目のアハブ王の時代に預言者エリヤが登場し、王を改心させた。

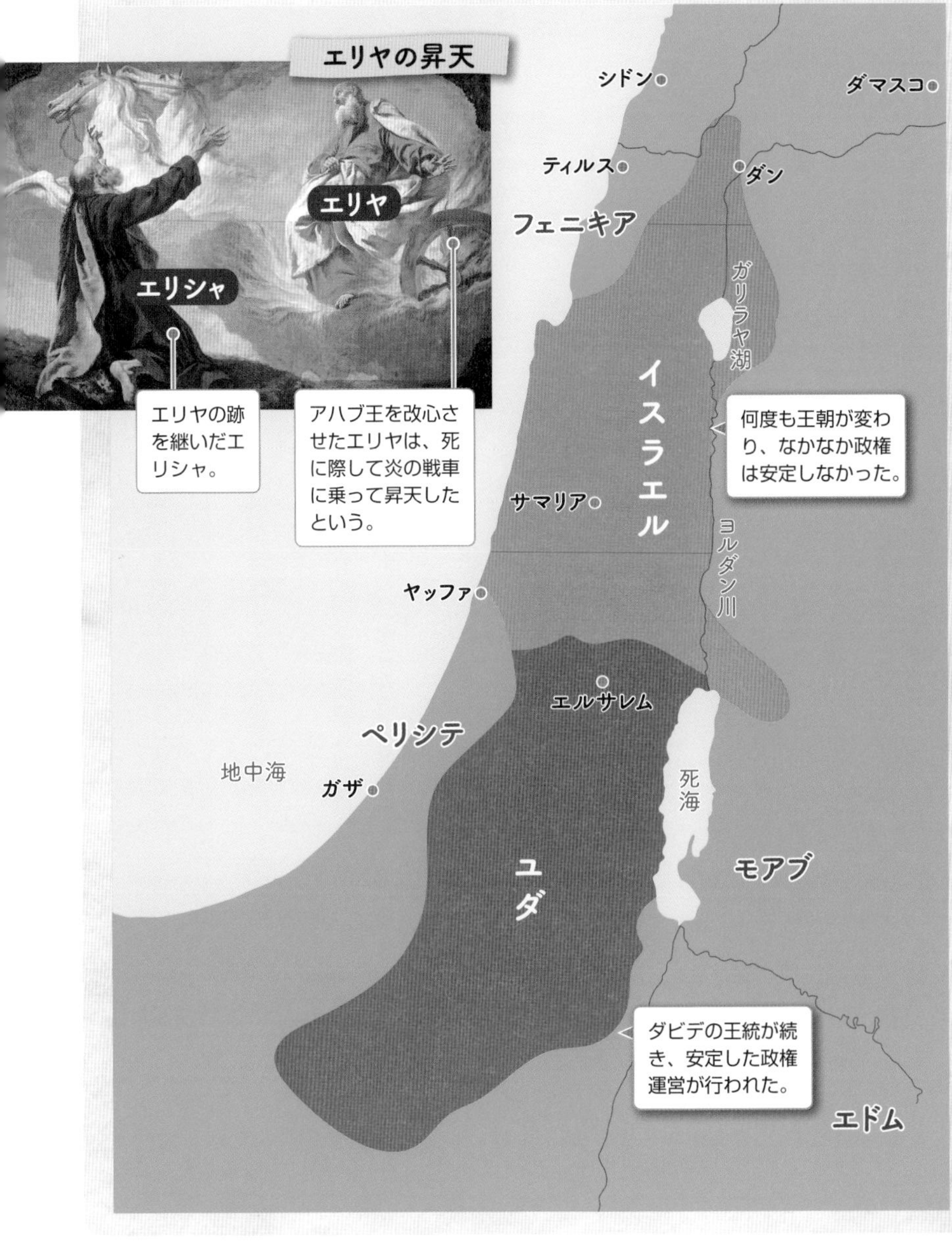
エリヤの昇天
エリヤ
エリシャ
エリヤの跡を継いだエリシャ。
アハブ王を改心させたエリヤは、死に際して炎の戦車に乗って昇天したという。
シドン
ダマスコ
ティルス
ダン
フェニキア
ガリラヤ湖
イスラエル
何度も王朝が変わり、なかなか政権は安定しなかった。
サマリア
ヨルダン川
ヤッファ
エルサレム
ペリシテ
地中海
ガザ
死海
モアブ
ユダ
ダビデの王統が続き、安定した政権運営が行われた。
エドム

聖書豆知識

預言者エリヤはその死後も霊となり、弟子のエリシャにとどまり、数々の奇跡を起こさせます。20個のパンで100人の空腹を満たし、水源に塩を投げ入れて病から救い、神に背いたアハブ一家を滅亡へと誘ったのでした。

イスラエル王国の滅亡

神に見捨てられた北王国が、アッシリアにより終焉を迎える

エリヤ、エリシャが活躍した北王国は、紀元前8世紀半ばのヤロブアム2世の時代に全盛期を迎えます。

王国は栄え、人々は豊かな生活を謳歌《おうか》する一方で私利私欲に走り、貧富の差が広がって信仰心を失っていきました。

この状況に警鐘を鳴らしたのが、預言者のアモスとホセアでした。

アモスは審判の日が来ても光ではなく闇であると警告し、王国の滅亡を預言しました。

イスラエル王国最後の預言者ホセアも、同じく偶像崇拝や社会の堕落を非難し、王国の滅亡を警告しました。ただし彼は、神の深い愛を説き、罪を悔い改めれば救われることを強調しました。

預言者たちの恐ろしい預言の成就

しかし北王国では預言者の警告に耳を貸す人もなく内紛が勃発し、人々が醜い争いを繰り返すようになります。

25年の間に6人の王が交替するなど混乱し、強国アッシリアに領土を次々と奪われていきます。

ついには、支配地がサマリア周辺のエフライム地方のみとなってしまいました。

最後の王となったホシェアは、同盟先をアッシリアからエジプトに乗り換えて挽回を図ろうとしましたが、侵攻してきたアッシリア軍に捕らえられてしまいます。

首都サマリアは、アッシリアに包囲されながら2年間持ちこたえましたが、神をないがしろにしたことでその加護を失っており、紀元前721年に滅びました。

イスラエル王国の人々はアッシリアへ連れ去られて消息を絶ち、サマリアにはアッシリアから人々が入植しました。

原典を読みたくなる聖書のはなし

イスラエルの滅亡後、預言者ヨナは神から、アッシリアの首都ニネベでの布教を命じられます。しかし異教徒嫌いのヨナは船で逃走。すると、海で大魚に飲み込まれてしまいます。ヨナは魚の腹のなかで祈り続けて許され、ニネベで布教を行い、人々を改心させました。この物語はイスラエルの排他主義を戒めたものです。

3ポイントでわかる聖書

- 預言者は増長した北王国の滅亡を警告する。
- 北王国の人々は耳を貸さず内紛に明け暮れた。
- 北王国はアッシリアによって滅ぼされた。

サマリアの陥落と北王国の人々の行方

紀元前721年、イスラエル王国はアッシリアにより滅ぼされる。当時、アッシリアは征服地の人々を連行し、故地から切り離す政策を取っており、多くのイスラエル人が連れ去られ消息を絶っている。

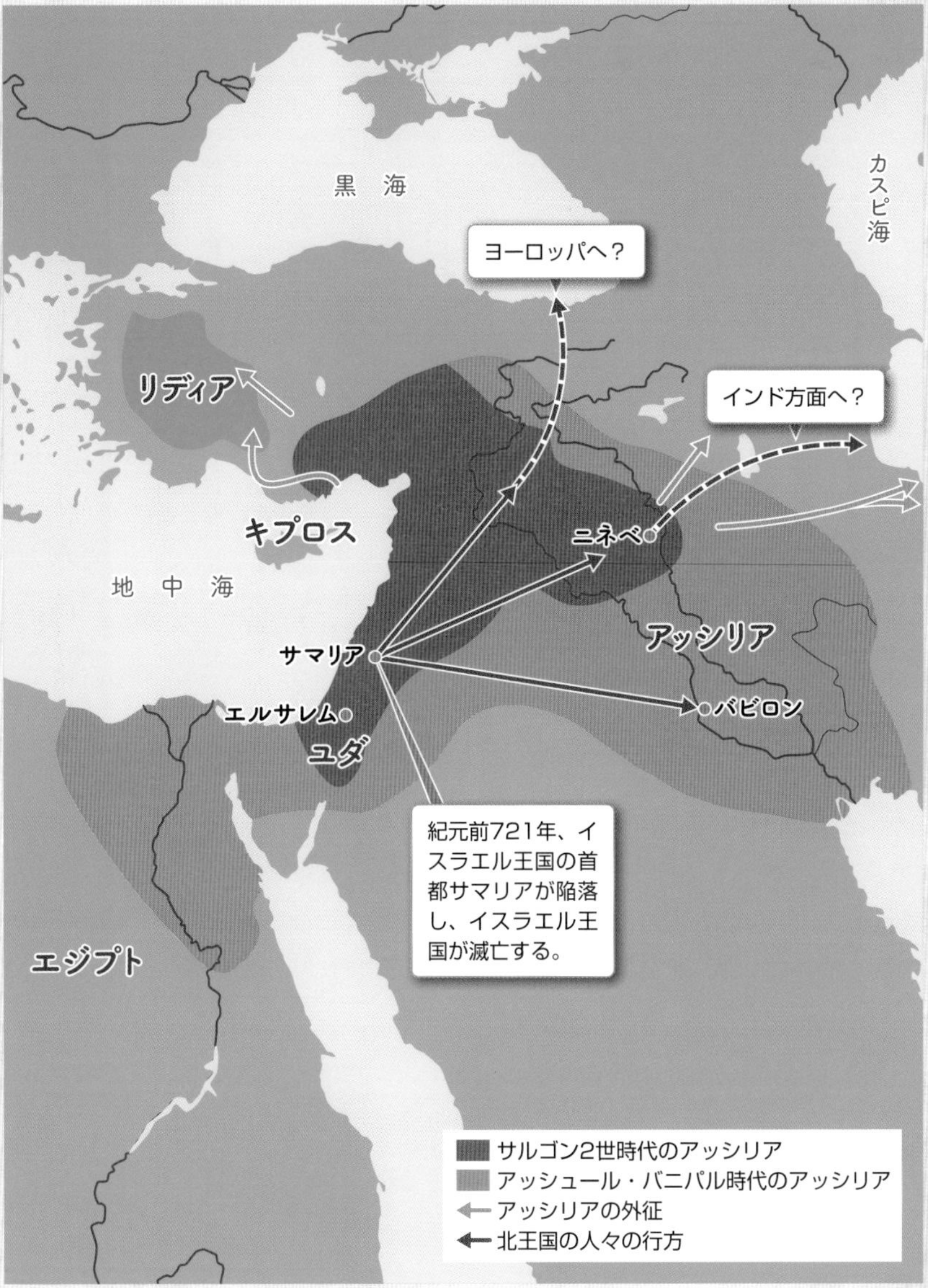
黒 海
カスピ海
ヨーロッパへ？
リディア
インド方面へ？
キプロス
ニネベ
地 中 海
アッシリア
サマリア
エルサレム
バビロン
ユダ
紀元前721年、イスラエル王国の首都サマリアが陥落し、イスラエル王国が滅亡する。
エジプト
サルゴン2世時代のアッシリア
アッシュール・バニパル時代のアッシリア
アッシリアの外征
北王国の人々の行方

聖書豆知識

アッシリアは、紀元前20世紀にメソポタミアの北に興りました。紀元前８世紀のティグラト・ピレセル３世が改革を行って強大化し、最盛期にはイラン西部からエジプト全域に及ぶ領土を支配しました。

バビロン捕《ほ》囚《しゅう》

大国に翻弄されたユダ王国が滅亡し、人々はバビロンへ連行される

北王国が滅亡する一方、南のユダ王国は、大国新バビロニアとエジプトとの狭間で翻弄されながら、かろうじて命脈を保っていました。それゆえ、綱渡りの外交が、滅亡のその日まで続くこととなります。

18代ヨヤキム王はエジプトと同盟しますが、預言者エレミヤがこれを非難。「新バビロニアのネブカドネツァルこそ、神がイスラエルを罰するために遣わした僕《しもべ》である」と訴えたのですが、ゼデキヤの時代に投獄されてしまいます。

ヨヤキム王は同盟と裏切りを繰り返した結果、エルサレムは新バビロニアに包囲されて降伏し、紀元前５９７年に、ヨヤキムの子ヨヤキンや政府高官、捕虜など1万人が新バビロニアに連れ去られました。これが第一次バビロン捕囚《ほしゅう》です。

破壊し尽くされたエルサレム

その後、ユダ王国は新バビロニアへの臣従を強いられます。

エレミヤは民に向かって神に救いを求めるよう訴えましたが、新しく王となったゼデキヤは、この忠告を無視してエジプトと再び同盟し、新バビロニアを裏切ります。

すぐさまエルサレムは包囲され、激怒したネブカドネツァルの攻撃を受けて陥落。捕虜となったゼデキヤは、両目を潰されてバビロンへと連行されていきました。宮殿や町、神殿も破壊され、ユダ王国は滅びました。

そして紀元前５８６年、1万とも2万ともいわれる人々が連行され、第二次バビロン捕囚が行われます。さらに、新バビロニアから派遣された知事ゲダルヤの暗殺を機に、第三次バビロン捕囚が行われました。

こうして、3回にわたりイスラエルの民は、エルサレムからバビロンへと連れ去られて行ったのです。

原典を読みたくなる聖書のはなし

エルサレムの滅亡を聞いたエレミヤは「哀歌」を残します。また、この破壊こそ神が人との新しい契約を結ぶための準備であると気づきます。人は神との契約を守れませんでしたが、神は見捨てず、新たに契約を結び、その時には律法を板ではなく、心のなかに記す救いを示したのです。

3ポイントでわかる聖書

- ユダ王国は、神の意志に背きエジプトと同盟する。
- 新バビロニアに敗れ、バビロン捕囚が行われる。
- 預言者エレミヤは新バビロニアへの臣従を説いた。

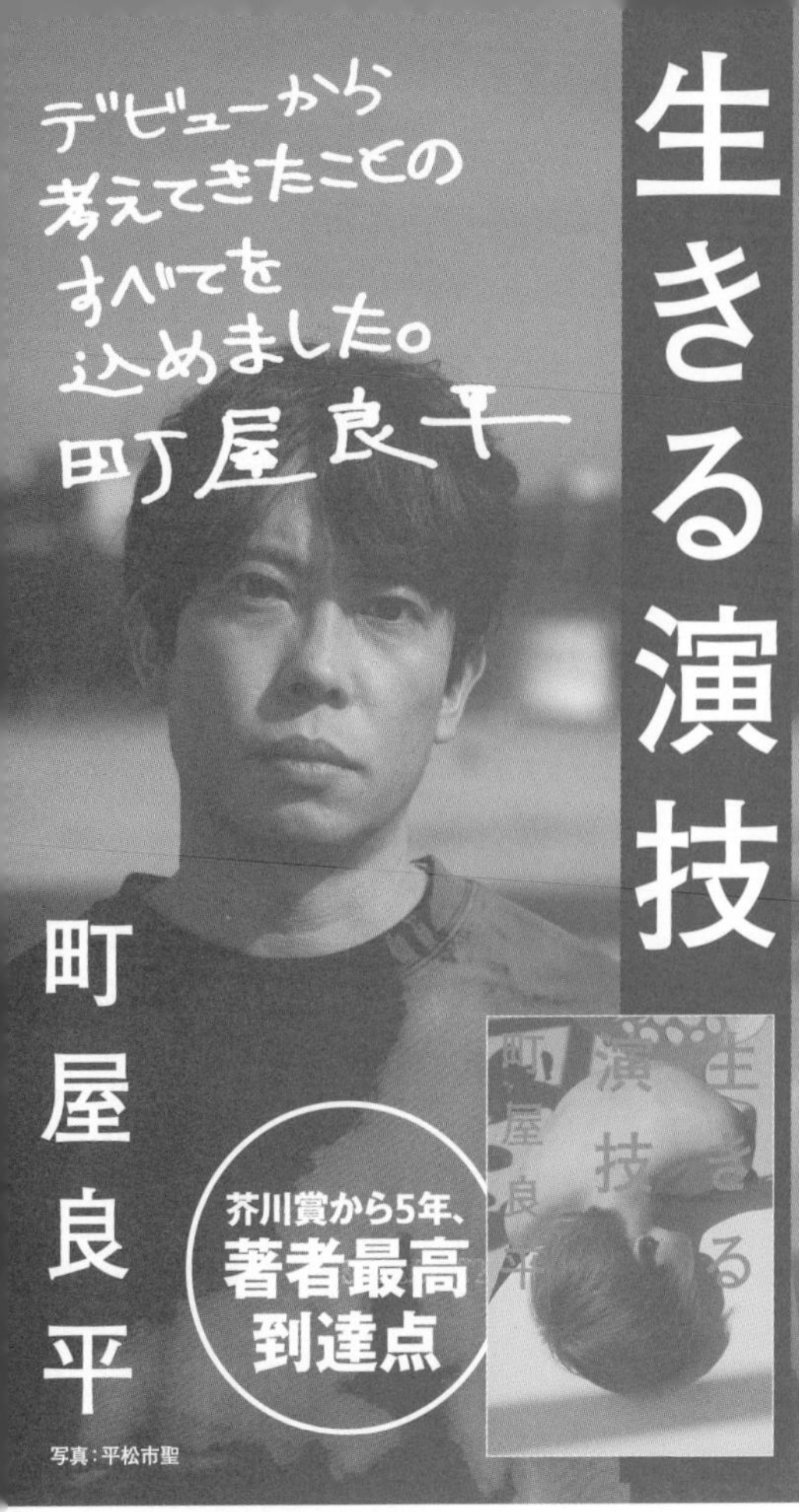
デビューから
考えてきたことの
すべてを
込めました。
町屋良平
生きる演技
町屋良平
芥川賞から5年、
著者最高
到達点
写真：平松市聖

生きる演技

町屋良平

家族も友達もこの国も、みんな演技だろ——元「天才」子役と「炎上系」俳優。高一男子ふたりが、文化祭で演じた本気の舞台は、戦争の惨劇。芥川賞作家による圧巻の最高到達点。

▼二四七五円

嘘つき姫

坂崎かおる

戦争の中で嘘が姉妹を繋ぐ「嘘つき姫」ほか、書き下ろし二篇を含む全九篇。小説が待ち焦がれた才能、正真正銘「待望」の初作品集。

▼一八七〇円

はじめての橋本治論

千木良悠子

小説、古典新訳、評論など、ジャンルを横断して活躍した橋本治。日本と日本人と日本語を問いつづけた作家・思想家の初の本格評論。

▼三八五〇円

ハウリングの音が聴こえる

「僕の人生の六分の五には、いつだってポールの音楽があったのだ。」——音楽評

ユダ王国滅亡までの経緯

エジプトと新バビロニアというふたつの大国の間で、同盟国を変えながら辛うじて生き残って来たユダ王国であったが、紀元前586年、ついに滅ぼされてしまう。

ゼデキヤ王
ヨヤキム王・エホヤキム王
BC586
BC597
ユダ王国滅亡
エジプトと同盟
新バビロニアに隷属
エジプトと同盟
新バビロニアに隷属
エジプトと同盟

BC586 第2回バビロン捕囚

BC597 第1回バビロン捕囚

新バビロニア王国のネブカドネツァルを神が遣わした王であるとして、エジプトとの同盟に反対する。

エレミヤ

炎上するエルサレム
ネブカドネツァルはエルサレムのすべての家屋と宮殿、神殿にも火をかけて破壊し、城壁も破壊した。

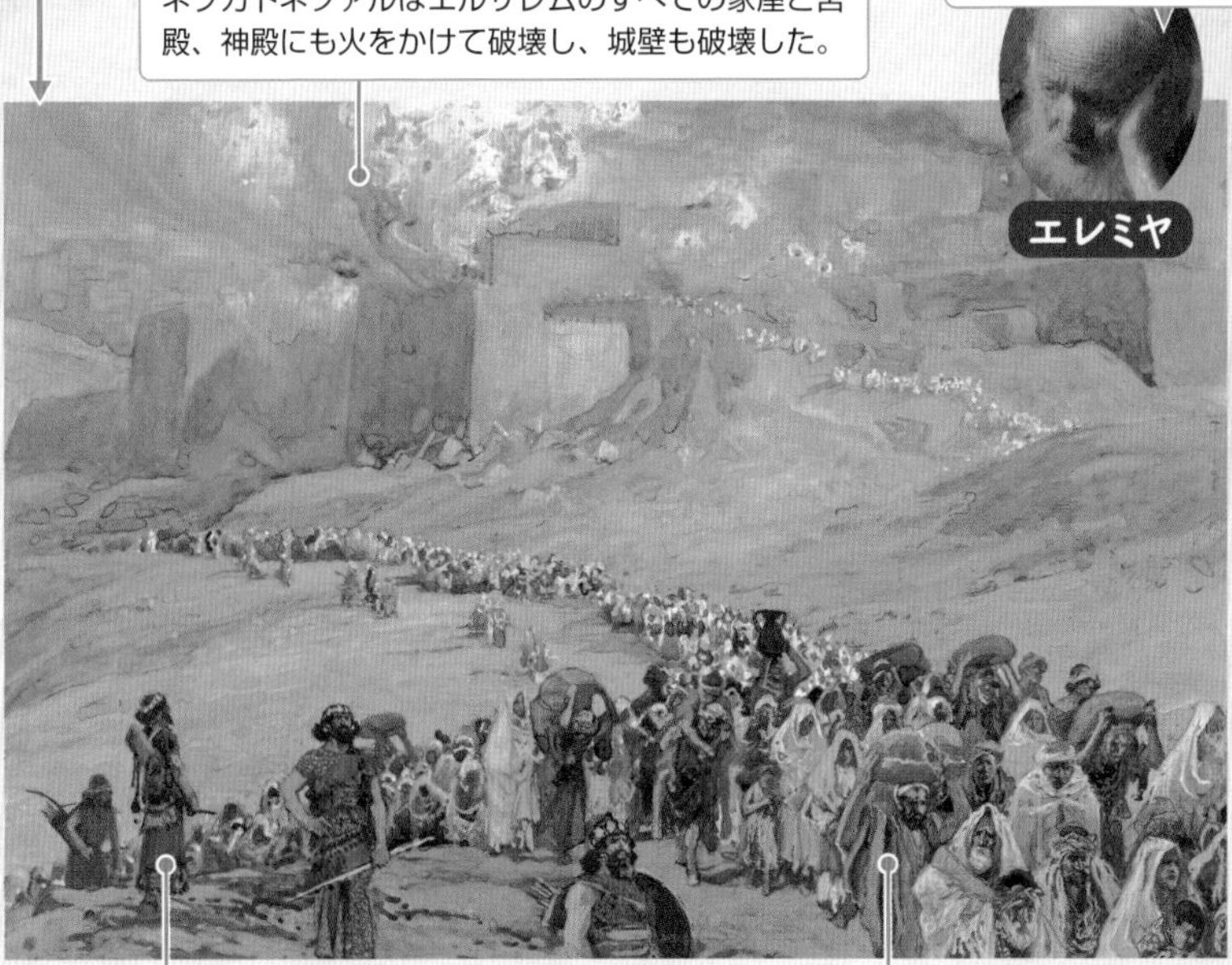

新バビロニアの兵士
バビロニア軍は金製品や銀製品、青銅の壺や柄杓など、神殿の宝物を略奪した。

イスラエルの民
エルサレムの民衆はことごとく捕らえられ、バビロンへ連行された。その数は1万とも2万ともいわれ、貧しい者だけが残された。

※絵画：『バビロン捕囚』ジェームズ・ティソ（個人蔵）

聖書豆知識
連行されたユダの人々は、強制労働をさせられたものの共同体を保ち、自由な生活を許されました。やがてこの苦難は自分たちの信仰心の弱さにあると気づき、悔い改めます。聖書を編纂し、シナゴーグで祈禱するようになりました。

ダニエルの物語

バビロンの宮廷に仕えた知恵者が捕囚下の人々の励ましとなる

バビロン捕囚下の物語に「ダニエル書」があります。二部から成り、前半は新バビロニア王国とペルシアで活躍した敬虔《けいけん》なイスラエルの民ダニエルの物語で、続く後半はダニエルが見た幻、すなわち黙示《もくし》にまつわる記述です。

バビロニアでは出自にかかわらず優れた若者を教育して徴用する制度があり、ネブカドネツァルは、連行してきたイスラエルの民のなかから優秀な人物を数名側近として抜擢しました。そのひとりがダニエルです。

とくに彼は夢解きを行ってネブカドネツァル王の信頼を得ました。

ある日、王が「頭が純金、胸と腕が銀、腹と腿《もも》が青銅、すねが鉄、足は一部が鉄、一部が陶土でできた像の足が、大きな石で打ち砕かれる」夢を見た際、ダニエルは、頭は王が築いた王国で各部位は未来の国であると夢解きし、王の寵臣となりました。

やがてネブカドネツァルの没後、新バビロニアはアケメネス朝ペルシアによって滅ぼされますが、アケメネス朝においても、ダニエルは重用されます。嫉妬した高官たちからライオンのいる洞窟に放り込まれましたが、神に守られたダニエルは無傷で生還しました。

ダニエルのこうした活躍は、捕囚下の人々を励まし、希望の灯となったのです。

バビロン捕囚からの解放

信仰の自由を認めるアケメネス朝は、紀元前538年、バビロン捕囚下にあったユダの人々を解放します。

エルサレムへと帰還した人々は聖都を再建。とくにネヘミアとエズラという人物が活躍し、ネヘミアは城壁の再建や制度改革に取り組み、司祭のエズラは律法書を公布し、宗教改革を行って、今に続くユダヤ教を確立しました。

3ポイントでわかる聖書

- 「ダニエル書」は捕囚下の人々を励ますために書かれた。
- ダニエルは夢解きでバビロニア王の信頼を得た。
- ユダの人々は解放され、エルサレムを再建した。

原典を読みたくなる聖書のはなし

ダニエルの夢解きについては、「ダニエル書」第２章に記されます。それによると、ダニエルは、像はオリエント世界の支配者を示すものであり、純金の頭が強力な王が君臨する新バビロニアを示し、胸と腕が頭部に劣る支配者が君臨する国家で、アケメネス朝を示すと説いています。

ダニエルの物語

「ダニエル書」の主人公ダニエルは新バビロニア、アケメネス朝のふたつの王国に仕えた。ダニエルは夢解きとライオンの穴の奇跡で知られる。

〈ネブカドネツァルの夢を解く〉

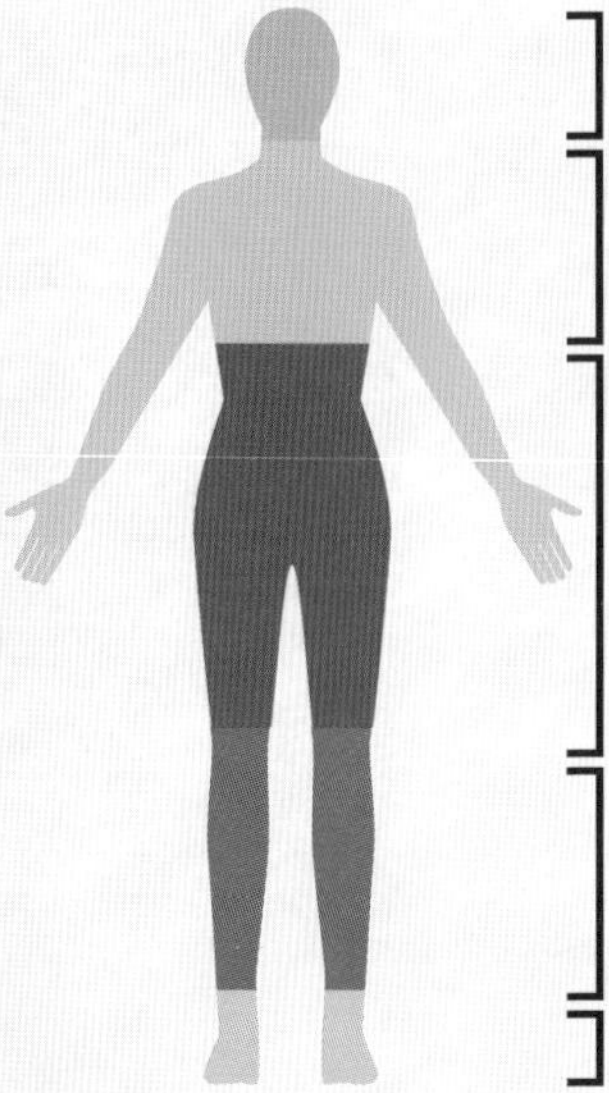

純金の頭（新バビロニア）
ネブカドネツァル2世が君臨する新バビロニアのこと。権力が頂点にあることを示す。

銀の胸と腕（アケメネス朝）
バビロニアより劣る第2の王国が起こる。

青銅の腹と腿（ギリシア）
第3の王国が興って世界を収める。

鉄のすね（ローマ）
鉄のように強い国で、あらゆるものを破壊する。

一部が鉄、一部が陶土でできた足（?）
鉄と粘土が混じり合わないように一致団結することのない国が興る。またこの時に神がひとつの国を興し、その国は永遠に続く。

王の夢を解き明かしたダニエルは、バビロン全州を治める地位を与えられた。

ライオンの穴で過ごす

ダニエルは彼を妬む者たちによって、罪を着せられ、ライオンの穴の中に投げ込まれた。

ダニエルが神に祈るとライオンはおとなしくなったという。

転がる骸骨や骨が、ライオンの穴に投げ込まれた人々の運命を暗示している。

※絵画：『ライオンの穴の中のダニエル』ピーテル・パウル・ルーベンス／ナショナル・ギャラリー・オブ・アート（ワシントン／アメリカ）

聖書豆知識
「ダニエル書」とともに捕囚下の人々を励ましたのが、「エステル記」です。ペルシア王の妃となったユダヤ人エステルは、高官のハマンによるユダヤ人虐殺計画を知り、命の危険を顧みずハマンを告発し、同胞を守ったとされます。

諸書・文学

集成された文学群がイスラエルの人々に教訓を語り伝えた

旧約聖書のなかには、律法や歴史書、預言書などのほかに、知恵文学と詩歌に分類される諸書・文学も収録されています。

知恵文学には「ヨブ記」、「箴言《しんげん》」、「コヘレトの言葉」の3書、詩歌には「詩編」、「雅歌《がか》」の2書があります。

簡単に紹介すれば「ヨブ記」は人間ヨブが神の正義について問う物語、「箴言」は日常生活の教訓、「コヘレトの言葉」は人間社会の不条理と矛盾に向き合った書、「詩編」は民族の宗教詩、「雅歌」は男女の愛の詩を収録したものです。

これらの書物は民の人生を正しい方向へと導く古代イスラエルの人生訓ともいえるもので、神の加護を約束するイスラエルの教えが盛り込まれています。

知恵は律法を守ることと同じとして重要視されていました。

知恵の学校でまとめられた旧約聖書

6つの書物に記された知恵は、親子代々、あるいは師匠から弟子へと伝えられましたが、やがてまとめられて体系化されました。

そして知恵はエルサレムにあった「知恵の学校」で教えられ、生徒は読み書き計算などと共に人生の知恵も学んだといいます。旧約聖書の諸書・文学はこの知恵の学校でまとめられたとも言われています。

知恵文学は、幅広い示唆に富む内容となっており、その中には現代にも通じる真理や真実が含まれたものも多くあります。そのため現代の人々にとっても、人生の教訓として心に響く内容となっています。

また5つの書は、内容や構成がそれぞれ異なっているため、読む人によって様々な解釈が行われてきたのも特徴です。

3ポイントでわかる聖書

- 旧約聖書には人生訓などが含まれる5つの書がある。
- 知恵に従うことは、律法を守ることに等しい。
- 諸書・文学は、知恵の学校でまとめられたとされる。

原典を読みたくなる聖書のはなし

宗派によって旧約聖書に収録されない「旧約聖書続編」としてくくられる文書群があります。ギリシア語では「隠された」「秘密の」という意味で、「アポクリファ」と呼ばれ、日本では従来「外典」と呼ばれます。また、聖書に関連する書物のなかで、著者として記されている人物が描いた可能性のない文書は偽典と呼ばれています。

諸書・文学の概要

ヨブ記

信仰深い人間ヨブがあらゆる苦難に見舞われ、神の正義について問いかける物語。

サタンが神に論争を仕掛け、敬虔なヨブとて災いを下せば神を呪うようになるだろうという。そのためヨブは試されることとなって財産と子供たちを失い、自身も重い皮膚病にかかるという苦難に遭う。

その後、ヨブと友人たちの間でヨブの落ち度の有無が議論され、ヨブはついに神の不当さへの抗議を口にする。

しかし、これを若いエリフが諌め、因果応報を超えた神の正義を語る。

そして最後には、神が嵐の中から声を発してヨブの繁栄が取り戻され、神を疑うことなく苦難に対せよという結末となる。

詩編

古代イスラエル王国期から捕囚後にかけて詠まれた宗教詩の集大成。歌われた時代は1000年以上にわたり、150編の詩が収められている。

古代社会における詩は、儀式や礼拝の場で歌われるものであり、収録される詩の内容は、神への強い信仰や賛美、人間の喜びや悲嘆などである。

このうち72の詩編には「ダビデの詩編」という表題がつけられている。

だが、実際にダビデが作ったものというよりは、ダビデの求めに応じて、あるいはダビデの名のもとに、宮廷詩人や預言者、祭司らによって歌われ、書記官によって書き記されたと考えるべきであろう。

箴言

日常生活をどう送るかの教訓を格言の形でまとめたもので、ソロモンの作とされてきた。

支配者階級の子弟の教育のためといわれているが、その内容は「友人の家に足を運ぶのはまれにせよ。飽きられ、嫌われることのないように。」「贈り物をすれば人の前途は開け、えらい人の前に彼を導く」などと、庶民の暮らしにも通じる世俗的なものが多い。

ほかにも神の教えを説くものや哲学的思索を記したものなど、内容は多岐にわたる。

全体は7つに分けられ、7つの表題がついていて、エジプトの格言の翻訳らしきものもあるなど、様々な時代に書き綴られてきたことがうかがえる。

コヘレトの言葉

人間の存在を正面から見つめ、誰にでも死が訪れることを説き、人間社会の不条理と矛盾、むなしさと死についても記した書である。

ソロモンの作ともいわれるが、旧約聖書にしては珍しく厭世的な印象を漂わせ、神の存在は確かだが、人間が神の意志を理解できるか、個々の人間の幸福に神が配慮しているかについては疑問を呈している。

そして、ささやかな慰めは、飲み食いなどの日常の快楽に見つけるようと勧めているのである。

かつては「伝道の書」と訳されていたが、ヘブライ語の「コヘレト」には多くの意味があることから、現在ではこのように呼ばれている。

雅歌

男女の愛の詩を収めた書。娘とその恋人の交流が牧歌的光景のなかで繰り広げられ、掛け合いの形式で歌い上げられている。

「雅歌」とは、歌の中の歌、優れた最上の歌という意味で、若き日のソロモンが作ったとされているがその根拠はなく、詩編と同じように宮廷詩人によって歌われたのではないかと考えられている。

この雅歌は19世紀までは、神を慕う気持ちを表したものであろうと解釈されていた。

だが現代では、神は男女の健全な愛をよきものとし、それがこうした叙情的な形で伝えられてきたのだという解釈が一般的である。

聖書豆知識

「ユダヤ人」の概念が生まれたのもバビロン捕囚期のことと考えられています。彼らはバビロンにて農業や建築事業に従事するなかで、共同体を保って生活し、安息日にはシナゴーグでの祈禱などを行ってユダヤ人としての自覚を深めていきました。

西洋の心がわかる

旧約聖書のことば

世界を創造した厳格な神とイスラエルの民の交流のなかで生まれた名言の数々

神は言われた。「光あれ。」こうして、光があった。

（「創世記」第1章3節）

世界の始まりを語る神の言葉。神が最初に創り出したのは、太陽ではなく「光」。そして神の言葉が必ず実現することを示している。

主に望みをおく人は新たな力を得 鷲のように翼を張って上る。

（「イザヤ書」第40章31節）

誰にも弱ることや、疲れることがあるが、神は疲れることがない。そうした神が常に力を与えてくれるので、信仰篤き者は走っても弱ることなく、歩いても疲れることもないのである。

人が独りでいるのは良くない。彼に合う助ける者を造ろう。

（「創世記」第2章18節）

男（アダム）だけの世界に女（エバ）を生み出そうとする神のことば。それぞれの特性を生かしつつ、助け合いながら生きていく、両性の関係を純粋に示す神のことばといえる。

神はお造りになったすべてのものを御覧になった。見よ、それは極めて良かった。

（「創世記」第1章31節）

万物を創り終えた神のことば。命ある存在は皆、神の手によってかけがえのないものとして生み出されたのである。

代々とこしえにわたしが立てる
契約のしるしはこれである。
すなわち、
わたしは雲の中にわたしの虹を置く。
これはわたしと大地の間に立てた
契約のしるしとなる。

（「創世記」第9章12～13節）

雨上がりなどに空にかかる虹。現代でこそ科学的に分析されているが、古代の人々は、そこに神との関係を見出し、契約の証とした。

幻がなければ
民は堕落する。

（「箴言」第29章18節）

未来のビジョンが描けないとき、人は堕落するという意味。何の目標もなく、だらだら過ごす日々は人間を堕落させるだけというのは、真理かもしれない。

わたしは、強く
雄々しくあれと
命じたではないか。
うろたえてはならない。
おののいてはならない。
あなたがどこに行っても
あなたの神、主は共にいる。

（「ヨシュア記」第1章9節）

カナン征服という大事業を前にモーセの後継者となった、ヨシュアに対して神が与えたことば。

散らしてなお、
加えられる人もあり
締めすぎて欠乏する者もある。

（「箴言」第11章24節）

富を困っている人のために使う人には、神の祝福が与えられると示唆し、富をひたすら自分のために貯め込むことを戒める。キリスト教圏の成功者の間には、多額の寄付を行う習慣があるが、これにはやはりキリスト教の考え方が影響しているといえよう。

今が分かる聖書の読み方❷

聖書と文化・芸術

芸術は人々の思考の具象化、つまり抽象的な思想を文字、絵画、彫刻などの具体的なもので、象徴的に表わす行為です。

そのため、芸術を見ればそれを生み出した社会の根幹を知ることに繋がります。また、文化は世代を超えて連綿として引き継がれる生活洋式であり、その継続性に大きく関わるのが宗教です。西洋ではキリスト教の教えであり、その基本にあるのが「聖書」ということになります。

勿論、聖書の記述は複雑であり、分量も膨大です。それゆえに、聖書の記述のどこを重視するかにより文化・芸術の多様性が生まれてきました。

とはいえ、レオナルド・ダ・ヴィンチはじめ近代以降の芸術作品の多くが、聖書の記述に題材を採っていることは、周知の事実です。また、建築の領域でも教会の基本構造は、基本的に十字架を装飾に取り入れた構造となっています。

もちろん、クリスマスやイースターに始まる冠婚葬祭から衣食住の具体的な生活面、そして１週間を７日とし日曜日を休日とする制度など、日常生活を支える諸制度でも、聖書の教えが基本となっています。

第2部
新約聖書

第1章
救世主イエスの誕生
― 救世主を待ち望むユダヤに登場した宗教改革者

解説

約束の地への帰還を果たしたものの、異民族の支配を受け続けるユダヤ人たちは、その苦しみのなかで自分たちを解放してくれるメシア（救世主）の登場を待ち望みます。
そうした時代に産声を上げたのが、新約聖書の主人公となる「ナザレのイエス」でした。

でたどる新約聖書のあらすじ❶

ベツレヘムに生まれた神の子イエスが、悪魔の誘惑に打ち勝つまで

Ⅰ 受胎告知

ガリラヤのナザレに暮らすマリアのもとに天使が現れ、マリアが神の子を宿したことを告げる。

(▶P76)

エジプトへの逃避

救世主の誕生を知ったヘロデ大王が幼児の殺害を命令。その難を逃れるべく聖家族はエジプトへ向かう。

(▶P80)

Ⅲ

Ⅱ イエスの誕生

住民登録のためにやってきたベツレヘムで神の子イエスが誕生。東方の学者たちと羊飼いが祝福を捧げる。

(▶P78)

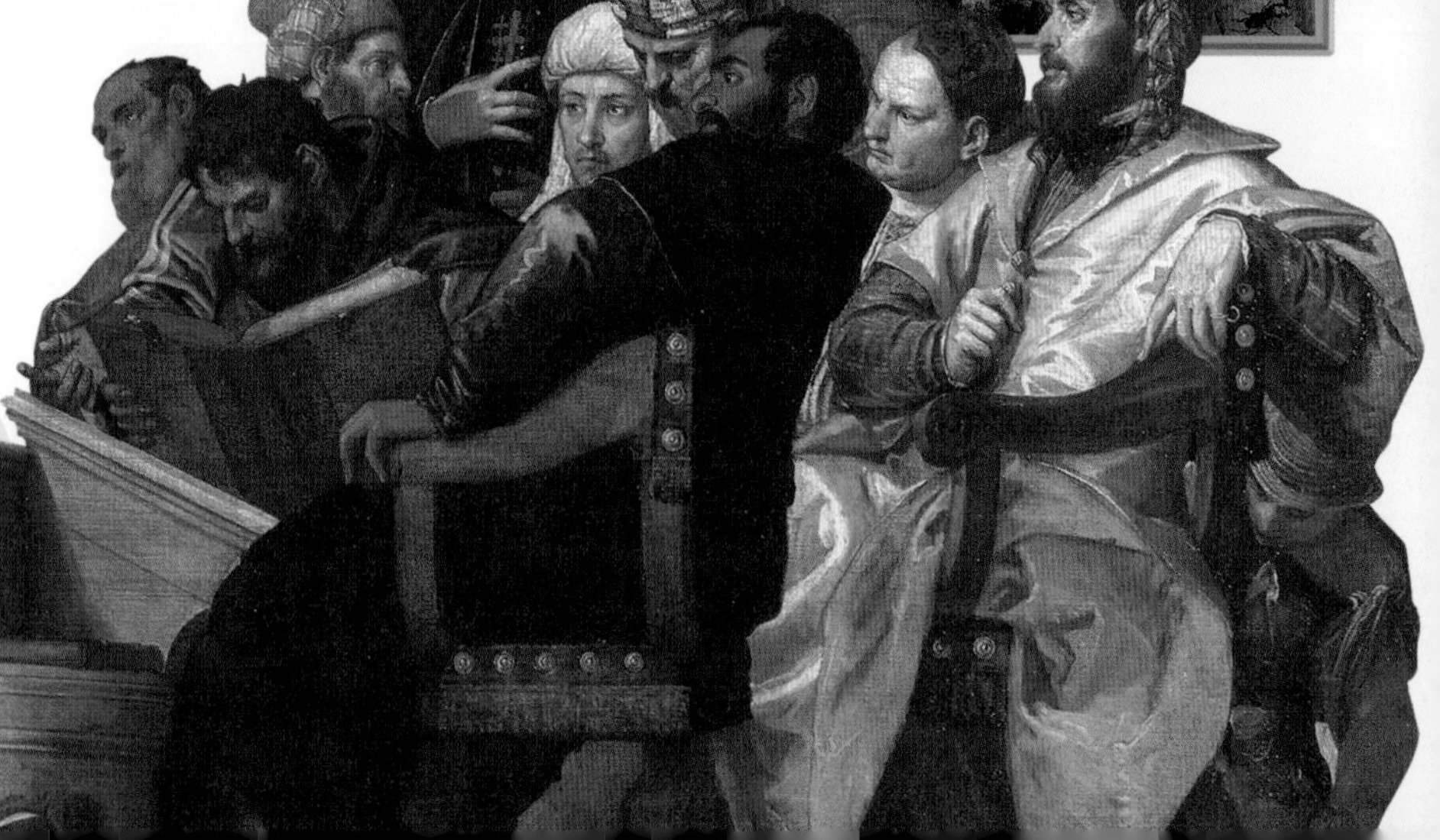

西洋絵画

V イエスの洗礼

ヨルダン川で人々に洗礼を授ける洗礼者ヨハネをイエスが訪ね、洗礼を受ける。

（▶P84）

VI 荒れ野の誘惑

ユダの荒野にて断食を続けるイエスを悪魔が3度にわたって誘惑するが、イエスはこれをはねのける。

（▶P86）

IV イエスの少年時代

エジプトより戻った聖家族はナザレに暮らす。ある日エルサレムに上った際、イエスは神の子の片鱗を見せる。

（▶P82）

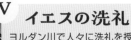

受胎告知

ガリラヤの町に暮らす女性に、神の子の懐胎が告げられる

アケメネス朝ペルシアの滅亡後、ユダヤ人の祭司マタティアとその息子たちがセレウコス朝シリアとの長い戦いの末、独立を果たしハスモン朝を成立させます。しかし、内紛が続いて崩壊し、ユダヤは東地中海に勢力を伸ばしてきたローマの支配下に置かれました。

代わってローマと結んだイドマヤ人のヘロデがユダヤの実権を握り、ユダヤ王となります。

ただし、ヘロデは異民族であり、その支配に対するユダヤ人の不満は大きく、人々はメシア（救世主）の登場を待ち望むようになります。そんな状況下に登場したのがイエスでした。

マリアに下された受胎告知

イエスの物語は、ユダヤの北方、ナザレの町に暮らすマリアのもとに天使ガブリエルが現れたことに始まります。天使はマリアに「おめでとう、めぐまれた方。主があなたと共におられる」「あなたは身ごもって男の子を産むが、その子をイエスと名付けなさい」と告げました。マリアは「私は男の人を知りません」と驚きますが、天使は「聖霊があなたに降《くだ》り、いと高き方の力があなたを包む」と伝えます。

これが、「ルカによる福音書」に記された、神の子イエスを身ごもったことを天使が伝える「受胎告知」です。

また、「マタイによる福音書」では、天使はマリアの婚約者ヨセフのもとに姿を現します。ヨセフはすでにマリアの懐妊を知り、人知れず悩んでいました。当時のユダヤでは婚前交渉には重い罰が下されるため、何とか穏便に済ませようとマリアと別れることを考えていたのです。

しかしガブリエルは、マリアが聖霊によって身ごもったことを告げ、案ずることなく妻に迎えるよう伝えます。この告知によりヨセフも決心してマリアを受け入れることにしました。

3ポイントでわかる聖書

- 異国の支配に苦しむユダヤ人はメシアの登場を強く望む。
- マリアの前に天使が現れ神の子の懐胎を告げる。
- マリアとヨセフが受胎告知を受け入れる。

原典を読みたくなる聖書のはなし

新約聖書の書物のなかで、イエスの生涯を伝えるのが「福音書」。ただしそれはひとつではなく、マタイ、マルコ、ルカ、ヨハネの４人の記者がそれぞれの視点から、誕生から伝道、死、復活へと至る生涯を記録した文書が収録されています。４書を比較しながら読んでみましょう。

ダ・ヴィンチの名画で読み解く受胎告知

「受胎告知」の名場面を描いた絵画のなかでも、ダ・ヴィンチの作品は特に名高い。静謐な明るい空間のなかに、落ち着いた表情の登場人物の動作によって劇的な場面が表現され、受胎告知の様々な描写が盛り込まれている。

神
ガブリエルを派遣し、マリアは聖霊によって身ごもっているのであり、ためらわずに妻に迎えるようにと伝える。
マリアの懐妊が表沙汰になる前に結婚を断るべきだろうか……。
おめでとう、めぐまれた方。主があなたと共におられる。恐れることはない。あなたは身ごもって男の子を産むが、その子をイエスと名付けなさい
聖霊によって懐妊する。
ヨセフ
マリアに神の子の懐胎を告げる。
マリア
ガブリエル
ユリの花は純潔を意味し、ガブリエルの象徴とされる。また、指を2本立てるポーズは祝福を意味するという。
天使が現れたとき、マリアは聖書を読んでいたとされる。
マリアの左手は驚きを表しているようであるが、表情と矛盾するため解釈が分かれている。

※絵画：『受胎告知』レオナルド・ダ・ヴィンチ／ウフィツィ美術館（フィレンツェ／イタリア）

聖書豆知識

受胎告知はもうひとつあり、マリアの親戚の祭司ザカリアのもとにもガブリエルが現れ、妻のエリザベトが洗礼者ヨハネとなる男子を身ごもることを告げています。エリザベトは高齢だったため、ザカリアが疑うと、彼はその報いとして男児の誕生まで口が利けなくなりました。

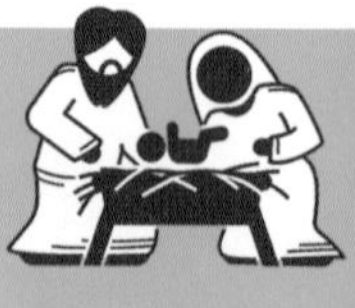

イエスの誕生

ダビデの故郷ベツレヘムにてイエスが誕生し、祝福を受ける

マリアの出産が間近に迫った頃、ローマ皇帝アウグストゥスは帝国領全土に住民登録の勅命を下します。

それは先祖の土地で行う必要があったため、ダビデの子孫であるヨセフも身重のマリアを連れて故郷のベツレヘムへと向かいます。

わざわざベツレヘムに向かったのは、ダビデとヨセフを結びつける必要があったため。ベツレヘムはダビデの故郷であり、メシアはダビデの家系から出ると考えられていたのです。本来の住民登録は、わざわざ故郷に戻る必要はなかったようです。

しかし、ベツレヘムではすべての宿屋が満室であったため、夫婦は馬小屋に泊まりました。

ところが、ここでマリアが産気づいてしまいます。急遽出産の準備が整えられ、マリアは男の子を産み落とします。ヨセフはその子を布にくるむと飼い葉桶に入れて寝かせました。

羊飼いがイエスの誕生を祝福

「ルカによる福音書」では、その頃、郊外にいた羊飼いたちのもとに神の使いが現れ、ダビデの町でメシアが誕生したことを告げたとされます。羊飼いたちは、神に導かれてマリアらを探し当て、幼子を礼拝し祝福しました。一方、「マタイによる福音書」では、イエス誕生の祝福に訪れたのは、星の動きから救世主誕生を知った東方の占星術の学者たちとされています。

８日目の割礼の日、幼子は天使のお告げ通り、イエスと名付けられます。

やがて初宮参りの日、ヨセフとマリアはエルサレムの神殿にイエスを捧げて礼拝しました。すると、シメオンという人物がイエスを抱きかかえ、その誕生を祝福しました。同じく神殿に仕えていた預言者アンナもイエスを見るなり、メシアが現れたと人々に伝えたと言います。

３ポイントでわかる聖書

- ヨセフ一家は、人口調査の際、ベツレヘムに向かう。
- マリアがベツレヘムで男の子を出産し、イエスと命名する。
- 羊飼い、東方の学者たちがメシアの誕生を祝福する。

原典を読みたくなる聖書のはなし

「マタイによる福音書」では、東方の占星術の学者たちが黄金、乳香と呼ばれる香料、没薬を贈り、イエスの誕生を祝福しました。また、この学者は全世界を代表するとされ、ヨーロッパ、アフリカ、アジアの３大陸、青年、壮年、老年を象徴するとも言われています。絵画では、それぞれの年代、３大陸の人種で描き分けられます。

羊飼いと東方の学者たちの礼拝

イエスの誕生後、救世主の誕生のお告げを受けた人々が礼拝に訪れる。「ルカによる福音書」では羊飼いたちが聖家族（ヨセフ一家）のもとを訪れて祝福と祈りを捧げ、「マタイによる福音書」では東方の学者たちが贈り物を捧げている。

羊飼いの礼拝

※絵画：『羊飼いの礼拝』コレッジョ／ドレスデン国立絵画館（ドレスデン／ドイツ）

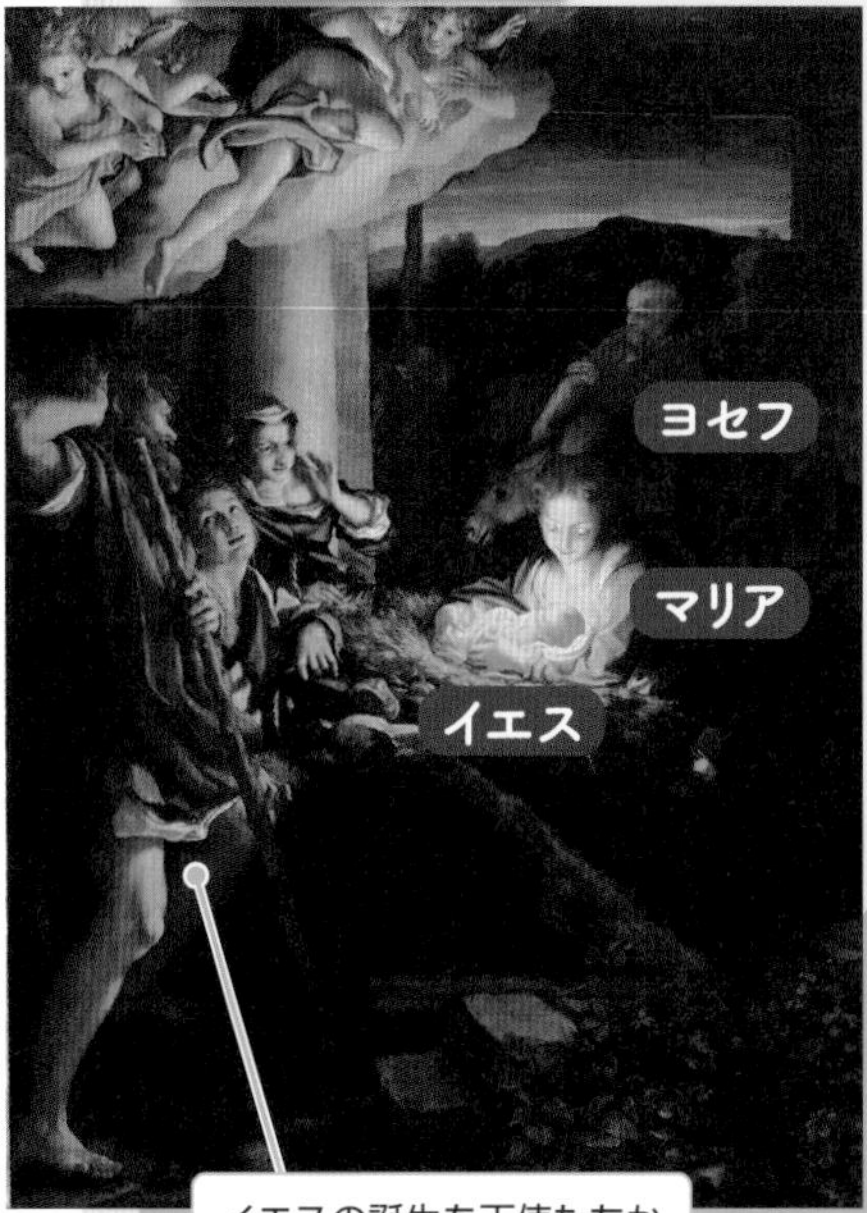
ヨセフ
マリア
イエス
イエスの誕生を天使たちから告げられた羊飼いたち。

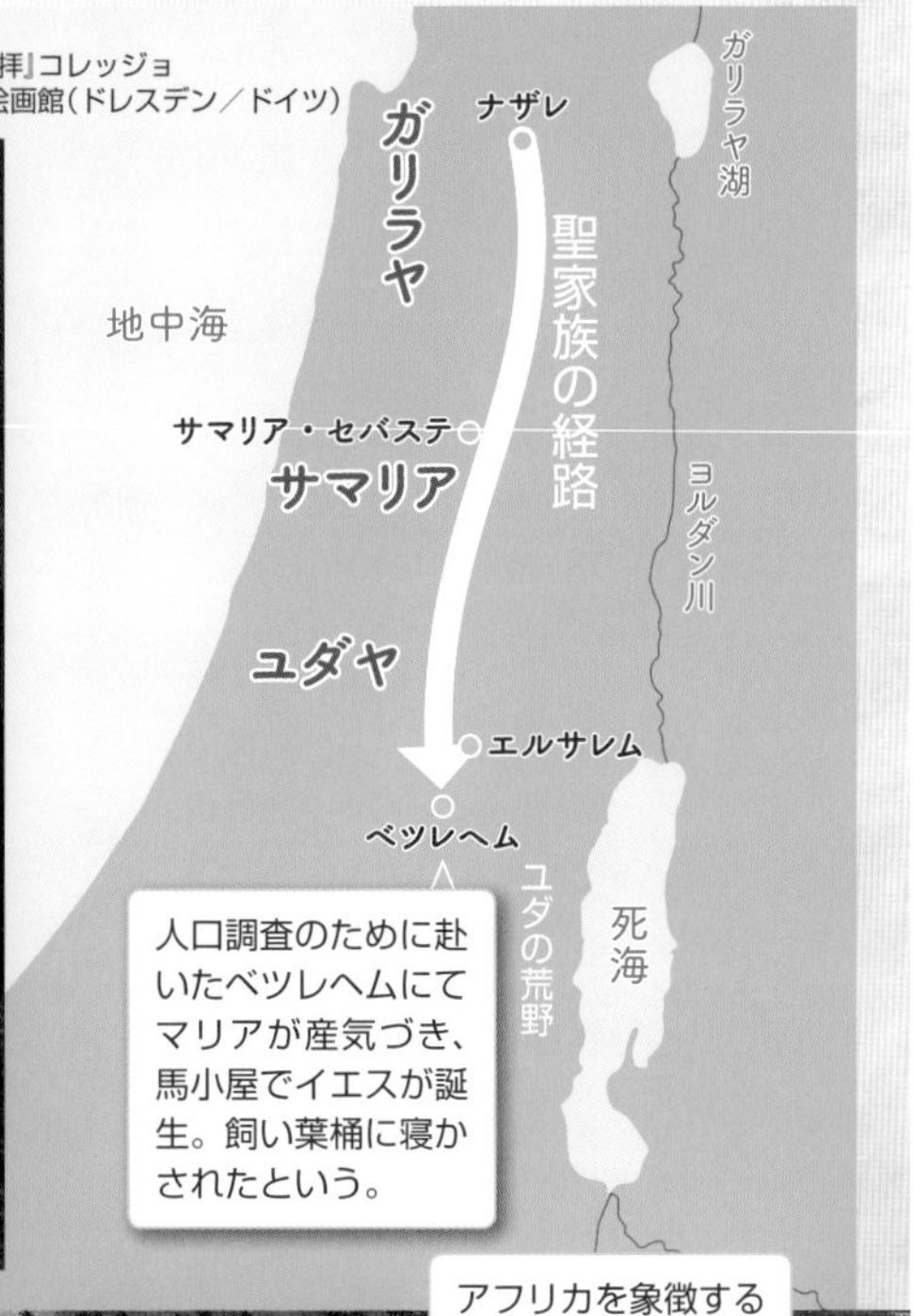
ガリラヤ
ナザレ
ガリラヤ湖
地中海
聖家族の経路
サマリア・セバステ
サマリア
ヨルダン川
ユダヤ
エルサレム
ベツレヘム
ユダの荒野
死海
人口調査のために赴いたベツレヘムにてマリアが産気づき、馬小屋でイエスが誕生。飼い葉桶に寝かされたという。

東方の学者たちの礼拝

※絵画：『東方三博士の礼拝』アルブレヒト・デューラー／ウフィツィ美術館（フィレンツェ／イタリア）

アフリカを象徴する壮年の黒人バルタザール。手には乳香を持っている。
年少のメルキオールは没薬を捧げる。
老年の学者カスパールは黄金をイエスに捧げた。
マリア
イエス

聖書豆知識

東方の占星術の学者たちは星に導かれてベツレヘムに至り、そこでマリアと幼子を探し当てました。彼らは、今ではペルシアの宮廷に仕えていた占星術のマギ（学者）ではないかと考えられています。

エジプトへの逃避

ヘロデの魔の手を逃れ、聖家族はエジプトへ逃避する

　メシアと目されるイエスは、誕生時に祝福される一方で、命の危険にもさらされることとなりました。

　イエスの誕生を祝福した東方の占星術の学者たちはイエスのもとを訪れる前に、ヘロデ大王のもとへ出向き、「ユダヤ人の王」の誕生を告げていました。

　ところが猜疑心《さいぎしん》の強いヘロデ王はそれを聞くと、自分の立場が危うくなるのを恐れ、その子を殺そうと企《たくら》みます。

　そこで3人に子供の居所を知らせてほしいと命じて送り出しました。

　しかし3人は夢でお告げを受け、神の子を祝福したのち、ヘロデのもとには戻らず、そのまま自分の国へと帰ってしまいます。

エジプトへと逃れたヨセフ一家

　一方、ヨセフの夢にも天使が現れ、イエスの命が狙われていることを知らせ、一家でエジプトに逃げるよう命じます。ヨセフはその日のうちにマリアとイエスを連れてベツレヘムを出ると、エジプトに向かいました。

　イエスらが去ったベツレヘムでは、やがて惨劇が起きてしまいます。

　ヘロデ王は学者たちが帰ってこなかったため、「ユダヤ人の王」となる赤子が、どこの誰かわかりません。そこで、自分の地位を危うくする芽を摘むため、ベツレヘムとその周辺で生まれた2歳以下の男子を皆殺しにするよう命じたのです。

　こうしてベツレヘムでは多くの赤子が虐殺される悲惨な光景が展開されたのでした。

　一方、ベツレヘムを脱出し難を逃れたヨセフ一家は、エジプトに落ち着きます。そしてヘロデ王が亡くなるまで、そのままエジプトで暮らしました。

3ポイントでわかる聖書

- ヘロデ王はユダヤ人の王の誕生を知り、殺害を計画する。
- 天使のお告げでヨセフ一家はエジプトへ逃れる。
- ヘロデ王は2歳以下の男児を皆殺しにした。

原典を読みたくなる聖書のはなし

　占星術の学者たちはヘロデからメシアが生まれた場所を聞かれた際、**「ユダヤのベツレヘムです。預言者がこう書いています」**と、ベツレヘムがメシア誕生の場であることを伝え、預言書にある**「ユダの地、ベツレヘムよ、（中略）お前から指導者が現れ、わたしの民イスラエルの牧者となるからである。」**という下りを伝えていました。

エジプト逃避によって危機を脱した聖家族

天使から危険が迫っていることを知らされた聖家族は、天使に導かれてエジプトへ避難する。一方彼らが去ったベツレヘムでは、幼児虐殺が行われた。

エジプト逃避

樹木がまばらに生える岩山は長く厳しい道のりを暗示する。
一行は天使に導かれてエジプトへ向かった。ヨセフに危険を知らせたのも天使のお告げであった。
イエス
マリア
ヨセフ
イエスの兄弟たち

※絵画：『エジプトへの逃避』
ジョット・ディ・ボンドーネ
（スクロヴェーニ礼拝堂）

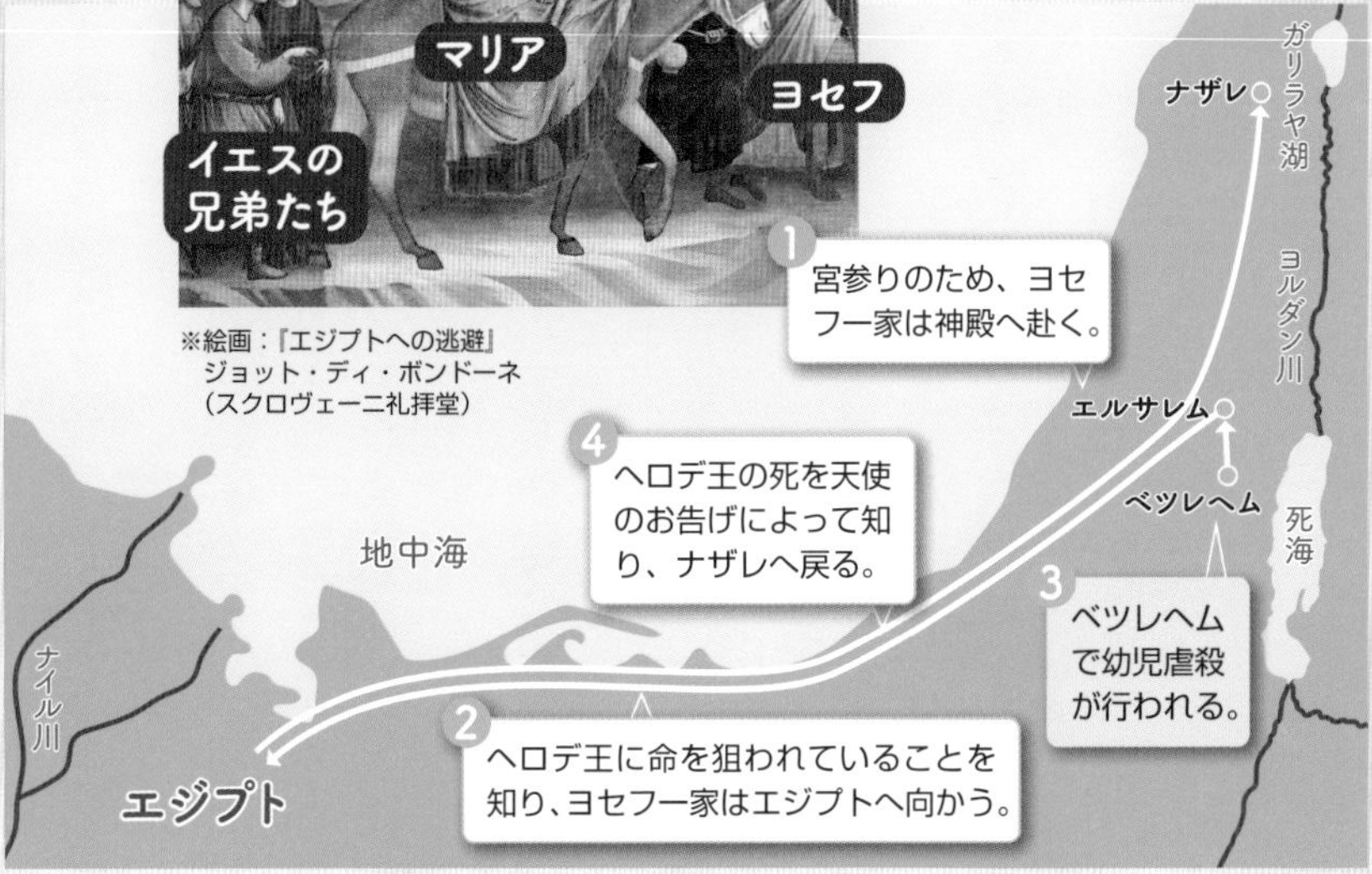
ガリラヤ湖
ナザレ
ヨルダン川
エルサレム
ベツレヘム
死海
地中海
ナイル川
エジプト
1 宮参りのため、ヨセフ一家は神殿へ赴く。
2 ヘロデ王に命を狙われていることを知り、ヨセフ一家はエジプトへ向かう。
3 ベツレヘムで幼児虐殺が行われる。
4 ヘロデ王の死を天使のお告げによって知り、ナザレへ戻る。

嬰児虐殺

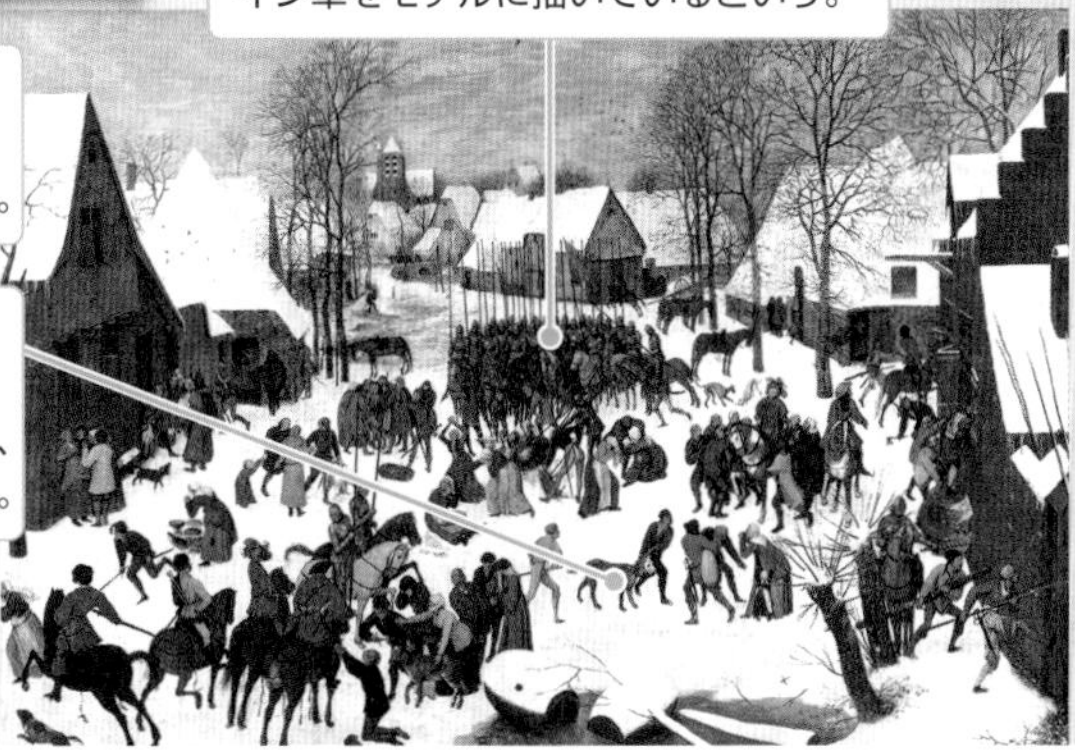
虐殺にやってきたヘロデの軍隊。スペイン軍をモデルに描いているという。
西アジアの町のベツレヘムであるが、画家の故郷であるフランドルの町に置き換えられている。
本来は赤子が殺害されている場面が描かれていたが、あまりに凄惨すぎたために、後世、動物に描き替えられたという。

※絵画：『ベツレヘムの嬰児虐殺』
ピーテル・ブリューゲル
（ハンプトンコート王室コレクション）

聖書豆知識
ヘロデ王は、イドマヤ人のアンティパトロス家の出身。ローマの支援を背景にユダヤの王となった人物です。建築事業も盛んに行い、ユダヤ人の歓心を買うためにエルサレム神殿の大改修を手掛け、ハスモン家の娘を娶っています。

イエスの少年時代

イエスは12歳で律法学者たちと議論し、神の子の片鱗を見せる

紀元4年、ヘロデ大王が亡くなり、ユダヤに戻るようにという神のお告げを受けたヨセフ一家は、エジプトを後にします。ただし、ベツレヘムはヘロデの子で残忍な人物として知られていたアルケラオスの領地となっていたため、ヨセフ一家はこれを避け、ガリラヤの町ナザレに落ち着きました。

その後のイエスは敬虔な両親のもと、自然豊かなナザレでユダヤ式の教育を受けながら成長したと思われます。

神の子としての自覚を持つイエス

少年時代のイエスに関する記述は、どの福音書も少ないのですが、外典には、5歳のイエスが泥でスズメの人形を作ったところ、それらが命を与えられ、鳴きながら飛んでいったという逸話が見られるなど、イエスの不思議な力を示す逸話も残されています。

「ルカによる福音書」によれば、ヨセフ一家は毎年、4月頃に行われるユダヤ教の祭りである過越祭《すぎこしさい》の日にエルサレムの神殿に赴き祈りを捧げていました。

そしてイエスが12歳になった年も、一家はエルサレムへ上って祭りを見に行きますが、帰りにイエスが両親とはぐれてしまいます。

3日後、両親が神殿に探しに戻ってみると、イエスは高名な学者たちに囲まれ、彼らと対等に議論を交わしていました。

しかも周りの人が驚くほど優秀で、心配する両親にイエスは、「私が自分の父の家にいるのは当たり前だということを、知らなかったのですか。」と答えます。この「父の家」とは神殿を指し、すでに自分が神の子であると悟っていたのです。やがてイエスは豊かな知恵を持ち、背もぐんぐん伸びて神と人に愛される青年に育ったと記されています。

原典を読みたくなる聖書のはなし

イエスと学者たちの議論は「ルカによる福音書」第2章に見られるものです。

学者たちとの議論ののち、ナザレに戻ったイエスについては、**「両親に仕えてお暮しになった」**とあり、大工とされる父ヨセフの家業を手伝いながら成長したと考えられます。

3ポイントでわかる聖書

- ヘロデ王の死後、ヨセフ一家はユダヤへ戻る。
- イエスは教育を受けながら、ナザレの地で育った。
- 12歳で学者たちとの議論を繰り広げた。

少年時代のイエス

少年時代のイエスには、12歳の時にエルサレムに上った際、高名な律法学者たちと議論をしていたという逸話が伝えられている。以後、聖書はイエスの少年時代について触れていないが、自然豊かな山々に囲まれたナザレにて、父の家業を手伝いながら聖書を学び、識字学習などユダヤの教育を受けて育ったと考えられる。

家業を手伝うイエス

※絵画：『両親の家のキリスト』ジョン・エヴァレット・ミレイ／テート・ブリテン（ロンドン／イギリス）

マリア
ヨセフ
イエス
掌の傷が将来の磔刑を暗示させる。
水盤を持つことから、洗礼者ヨハネとされる。

イトラヤ
アビレネ
フェニキア
トラコン
ガリラヤ
ガリラヤ湖
ナザレ
カイサリア
デカポリス
ヨルダン川
サマリア
ペレア
地中海
エルサレム
ベツレヘム
ユダヤ
死海
イドマヤ

当時のユダヤには子供が一定の年齢に達すると、律法学者と議論させる風習があったという。
イエス
律法学者たち

律法学者と議論するイエス

※絵画：『律法学者と議論するキリスト』パオロ・ヴェロネーゼ／プラド美術館（マドリード／スペイン）

聖書豆知識

当時のユダヤの宗教界は、大きく分けて、支配者層を中心とするサドカイ派、ユダヤの日常規定を厳格に守ろうとする律法学者を中心としたファリサイ派、後世の修道院のような共同生活を送るエッセネ派、反ローマの急進派である熱心党の４つのグループに分裂していました。

イエスの洗礼

ヨハネのもとでイエスが洗礼を受け、聖霊をその身に宿らせる

イエスより少し前に受胎告知を受けた（▼P.77）、エリザベトとザカリアの子ヨハネは、成長すると荒野に入ってイナゴと野蜜を食料としながら、修行生活を送っていました。

やがて神の啓示を受けたヨハネは、ヨルダン川に姿を現します。粗末なラクダの皮を身に着け、腰に革の帯を巻いた隠者のような姿で、人々に「悔い改めよ。天の国は近づいた」と改心を説きました。

そして律法を守ることに固執する当時のユダヤ教指導者を批判する一方、教えを乞う民衆には、「下着を2枚持っている者は、1枚も持たない者に分けてやれ」、徴税人には「規定以上のものは取り立てるな」と、分かりやすい教えを説き、支持を集めていきます。

ヨルダン川で罪を告白した者には、罪を償い、洗い流す儀式である「洗礼」を授けました。

人々はヨハネこそメシアではないかと期待を抱きますが、ヨハネは否定し、メシアはこれからやってくると告げます。そして人々は悔い改めて、メシアを迎える準備をする必要があると伝えました。

イエスがヨハネから洗礼を受ける

そんな洗礼者ヨハネの前に、イエスが現れます。

洗礼を受ける人々の列に並んでいたイエスを見たヨハネは、驚き恐縮しますが、イエスに促され、その頭に水をふりかけ、洗礼を授けました。

すると天が開けて、聖霊が鳩のように降《くだ》って来て、イエスの上にとどまります。そして天から「これは私の愛する子、私の心に適う者」という神の声が響きました。

イエスというメシアが地上に現れた瞬間でした。

原典を読みたくなる聖書のはなし

イエスが洗礼を受ける場面は「マタイによる福音書」第3章に最も詳しく描写されています。イエスの姿を見て、**「わたしこそ、あなたから洗礼を受けるべきなのに」**と恐縮するヨハネに対し、イエスは**「今は、止めないでほしい。正しいことをすべて行うのは、我々にふさわしいことです。」**と洗礼を促したのでした。

3ポイントでわかる聖書

- 洗礼者ヨハネがヨルダン川で悔い改めを説く。
- ヨハネは人々にメシアが間もなく来ると告げる。
- ヨハネのもとにイエスが現れ、ヨハネが洗礼を授ける。

聖霊が舞い降りたイエスの洗礼

洗礼者ヨハネから洗礼を受けるキリストの姿は、聖書の記述に基づいて描かれてきた。そこでは、神、聖霊、そしてイエスが三位一体の構図で表現されている。

これはわたしの愛する子、わたしの心に適う者
手で表されるのは神。聖霊、イエスとともに三位一体を成すことを示している。
聖霊。新約聖書にはイエスが洗礼を受けると、「鳩のように降った」とあることから、絵画ではよく鳩として描かれる。
神
聖霊
額に水を垂らすことで洗礼が行われる。
洗礼者ヨハネの杖は杖の先端に十字架があしらわれたもの。
イエス
洗礼者ヨハネ

洗礼の姿はさまざまにあって、足元だけ川に浸かるものから、身体の半分以上を水中に沈めているものもある。この洗礼の儀式が由来となって、キリスト教において7つ秘蹟のひとつとされる「洗礼」の儀式が生まれた。洗礼は神の力で生まれ変わる儀式とされ、通常は、幼少期に水によって原罪を清める儀式として行われ、洗礼名もこの時に与えられる。

絵画：『キリストの洗礼』ヴェロッキオ／ウフィツィ美術館（フィレンツェ／イタリア）

聖書豆知識

のちに洗礼者ヨハネは、ヘロデ大王の子でガリラヤを統治するヘロデ・アンティパスが、弟の妻ヘロディアと結婚したことを非難し、投獄されました。ヘロディアはヨハネを憎んでおり、娘のサロメに舞の褒美としてヨハネの首を所望するようそそのかし、ヨハネを処刑させました。

荒れ野の誘惑

断食中のイエスの前に悪魔が現れ、誘惑を試みる

ヨハネに洗礼を受けたイエスはユダの荒野に赴き、40日間の断食生活に入ります。

40という数字は、イスラエルの民がモーセと共に荒野をさまよった40年間に由来します。

イエスは飢えと渇き、そして荒野の中で孤独に耐えながら瞑想生活を続け、40日目を迎えました。その最後の日、極限状態にあるイエスの前に悪魔が現れ、3つの誘惑を仕掛けたのです。

まず悪魔は、「神の子なら、これらの石がパンになるように命じたらどうだ」と言い放ちます。するとイエスは、『人はパンだけで生きるものではない。神の口から出る一つ一つの言葉で生きる』と書いてある」と旧約聖書「申命《しんめい》記《き》」にある言葉で第一の誘惑を退けました。

旧約聖書の言葉で悪魔を退散させる

次に悪魔は、イエスをエルサレム神殿に連れ出し屋根の端に立たせて、「神の子なら、飛び降りたらどうだ。『神はあなたのために天使たちに命じると、あなたの足が石に打ち当たることのないように、天使たちは手であなたを支える』と書いてある」と、悪魔は逆に「詩編」にある言葉で追い詰めます。

しかしイエスは屈することなく、『あなたの神である主を試してはならない』とも書いてある」と反論しました。

最後に悪魔はイエスを非常に高い山に連れて行き、世界を見せながら「もし、ひれ伏して私を拝むなら、これをみんな与えよう」と誘惑します。

イエスは「退け、サタン」と一喝。『あなたの神である主《しゅ》を拝み、ただ主に仕えよ』と書いてある」と「申命記」の言葉を引いて悪魔を退散させました。

こうしてイエスは伝道活動へ身を投じるのです。

3ポイントでわかる聖書

- イエスは荒野に出て40日の断食修行を行う。
- イエスの前に悪魔が現れ、3度誘惑する。
- イエスは誘惑を退け、悪魔を追い払う。

原典を読みたくなる聖書のはなし

悪魔の誘惑は経済、宗教、政治すべての範囲にわたるものでした。「マタイによる福音書」第4章ほか、「マルコによる福音書」「ルカによる福音書」にも記載されますが、「ヨハネによる福音書」には記載がありません。マタイ、マルコ、ルカは共通の観点が多いことから「共観福音書」と呼ばれます。

3度にわたる荒れ野の誘惑

ボッティチェリがシスティーナ礼拝堂の壁画として描いた『キリストの生涯』連作中の『キリストの誘惑』の背景には、イエスと彼を誘惑する悪魔の姿が描かれている。

第1の誘惑
神の子なら小石をパンに変えてみせよ。
第2の誘惑
神の子ならばここから身を投げて見せよ。(天使が助けるか試せ)
『あなたの神である主を試してはいけない』と書いてある。
第3の誘惑
私にひれ伏し、私を拝むなら、世界をくれてやろう。
イエスに追い立てられフード付きのローブを脱ぎ捨てて正体を現す悪魔。
『人はパンだけで生きるものではない。神の口から出る一つ一つの言葉で生きる』と書いてある。
退け、サタン。『あなたの神である主を拝み、ただ主に仕えよ』と書いてある。

※絵画：『キリストの誘惑』
サンドロ・ボッティチェリ
(システィーナ礼拝堂)

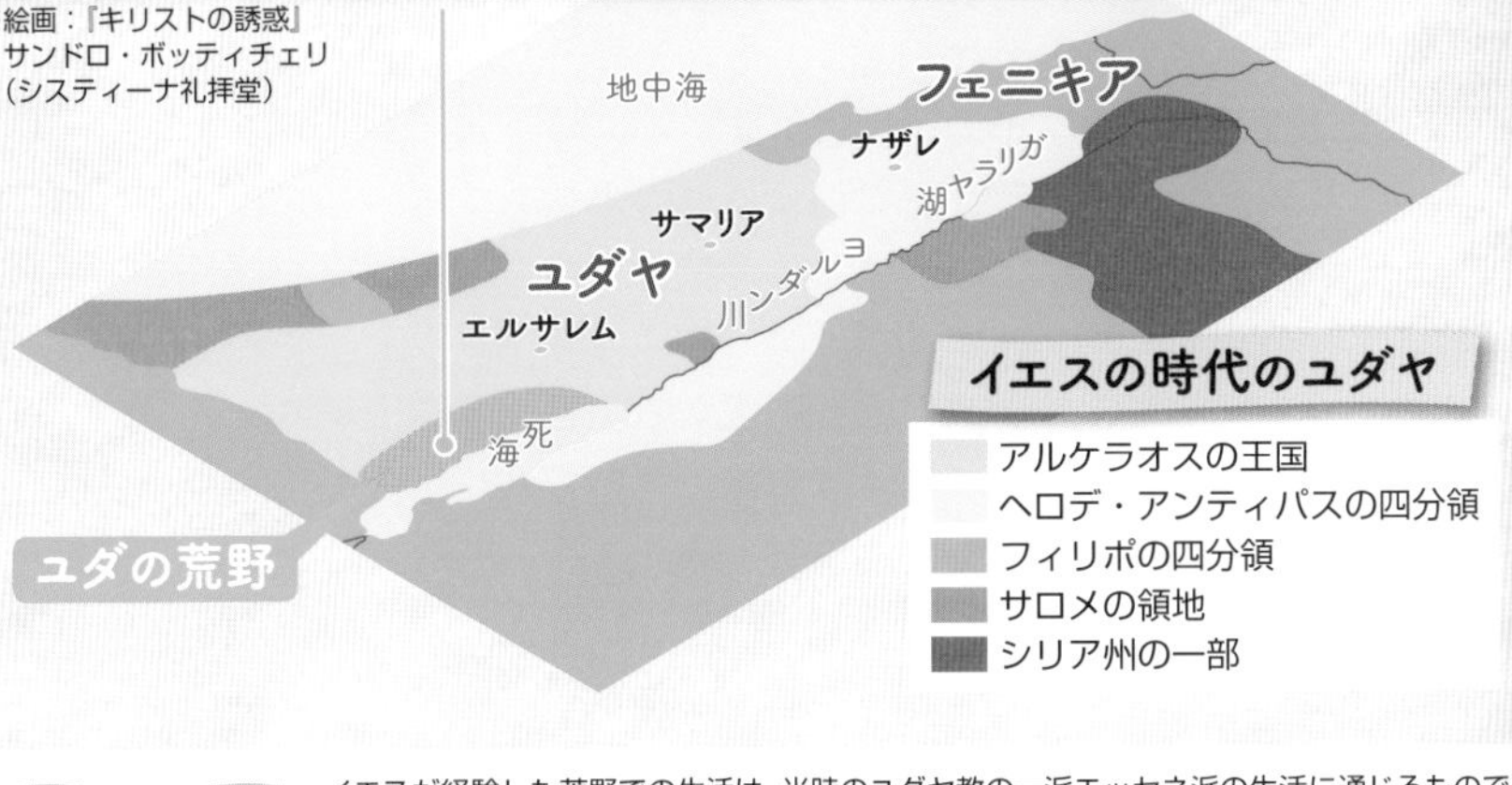
地中海
フェニキア
ナザレ
ガリラヤ湖
サマリア
ユダヤ
ヨルダン川
エルサレム
死海
ユダの荒野
イエスの時代のユダヤ
アルケラオスの王国
ヘロデ・アンティパスの四分領
フィリポの四分領
サロメの領地
シリア州の一部

聖書豆知識

イエスが経験した荒野での生活は、当時のユダヤ教の一派エッセネ派の生活に通じるものです。エッセネ派は厳格に律法を守るユダヤ教の一派で、神殿祭祀を否定して自給自足や禁欲主義を貫きました。独自の年間暦に従って律法の研究、食事など厳格な共同生活を送っていました。

今が分かる聖書の読み方❸

聖書の教えと国際紛争

人間社会の紛争や戦争の原因やその勃発の直接の起因は、さまざまですが、紛争を長期化、あるいは組織化するためには、その正当化が不可欠となります。

キリスト教に限らず、宗教は多くの場合、紛争や戦争の正当化や組織化に利用されやすいものです。なぜなら、多くの宗教は自らの信仰を護る義務を課しており、そのためには暴力をも積極的に肯定するためです。とくに聖書の教えには、旧約部分に聖戦思想が明確化されており、この点はイエス・キリストによりユダヤ教の根本的な問題が超克されたキリスト教においても、なお中世における十字軍に見られるように聖書の旧約部分をより処に、大規模で悲惨な戦争が繰り広げられてきました。

この点は、同じく聖書も聖典と認めるイスラム教においても、同様です。

いずれにしても聖戦思想の極端な利用は、いわば聖書の部分的な記述の都合の良い解釈によるといえるのですが、現実には聖書により戦闘や戦争の正当化は、現在においても行われています。たとえば、現在（2024 年 2 月）進行中のユダヤ教を国教とするイスラエルによるパレスティナへの侵攻、あるいは侵略行為にしても、イスラエルの特に右派と呼ばれる人々は、聖書、とくに旧約部分の記述に求めています。

宗教が、社会の根本を形成する重要な要素であるゆえに、聖典の教えの内容は直接人々、さらにはその集団である国家の思考や行動に、「解釈」という形で大きな影響を持つのです。

第2部
新約聖書

第2章
イエスの伝道活動
―イエスが説いた革命的な愛の教え

解説

悪魔の誘惑をはねのけたイエスは、その教えを広める伝道活動に入ります。イエスは自身をメシアと自覚しながら、ユダヤ社会において虐げられる人々を救済の対象としました。
イエスの教えにより、旧約聖書の厳格な神は、人々に赦しをもって臨む神へと性格を変えていきます。

でたどる新約聖書のあらすじ❷

イエスが人々に教えを説き、ペトロに天国の鍵を渡すまで

Ⅳ イエスの奇跡

イエスは湖の上を歩くなどの自然に対する奇跡、病を癒したり死者を蘇らせたりする癒しの奇跡を次々に起こす。

(▶P98)

Ⅰ ペトロの召命

ガリラヤ湖畔にて、イエスはペトロらを弟子とし、のちに12人を選んで教えを伝える権能を与えた。

(▶P92)

Ⅲ カナの婚礼

カナで行われた婚礼の席に招待されたイエスは、水をぶどう酒に変える奇跡を起こす。

(▶P96)

Ⅱ 山上の説教

ガリラヤ湖を見下ろす丘の上で、イエスはその教えの根本を多くの人々に向けて語った。

(▶P94)

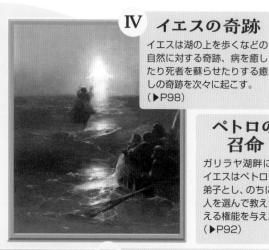

西洋絵画

V イエスのたとえ話

イエスは善きサマリア人、賢い乙女と愚かな乙女、種まく人のたとえなど、たとえ話を用いてその教えを語った。

(▶P100)

VII イエスの変容

フィリポ・カイサリア北方の高い山にて、顔を太陽のように輝かせたイエスが、モーセとエリヤと語り合った。

(▶P102)

VI フィリポ・カイサリアの出来事

イエスを、メシアで神の子であると信仰を告白したペトロに対し、イエスは天国の鍵を与える。

(▶P102)

十二使徒

ガリラヤで教えを説き始めたイエスは、漁師のペトロらと出会う

悪魔を退けたイエスは、教えを広める伝道生活に入ります。最初に赴いたのは、ユダヤの北に位置するガリラヤ湖畔の町でした。

イエスがこの地を選んだ理由は不明ですが、「マタイによる福音書」では、イエスは洗礼者ヨハネがガリラヤ領主のヘロデに捕らえられた後、人里離れた所に退いたと書かれており、トラブルを逃れてきたのかもしれません。

また、この地には重税に苦しむ人が多く、救いを求める人が多かったのも、この地を訪れた理由のひとつという解釈もあります。

漁師だった弟子たちとの出会い

イエスは伝道生活を始めると、ペトロ（シモン）、アンデレ、ヤコブ、ヨハネの4人を弟子としました。

「マタイによる福音書」では、歩いていたイエスがペトロ、アンデレという漁師の兄弟と出会い、「私について来なさい。人間をとる漁師にしよう」と声をかけ、ふたりはすぐに従ったとあります。

「ルカによる福音書」では、ガリラヤ湖畔で漁師のペトロと出会ったイエスは、彼の舟を借りてその上で説教を行っています。

その後、イエスに促されてペトロが漁を行うと、前の晩は不漁だったにもかかわらず、一転して大漁となりました。これに感激したペトロは、漁師仲間であるゼベダイの子ヤコブとヨハネの兄弟とともにイエスに従います。

イエスが最初に漁師を弟子にしたのは社会的地位の低い彼らこそ救いを求めていたとされる一方、漁師は裕福であり、経済的な後ろ盾としたためともいわれています。

こうしてイエスのもとには多くの弟子が集まりました。のちにイエスは、このなかから12人の使徒を選び出すのでした。

3ポイントでわかる聖書

- イエスはガリラヤで伝道生活を始める。
- イエスはペトロの前で不漁を大漁にしてみせる。
- イエスは最初にペトロら４人を弟子とする。

原典を読みたくなる聖書のはなし

ペトロらとの出会いのほか、「マタイによる福音書」第９章には、徴税人のマタイを弟子にする描写が描かれます。収税所の前を通ったイエスが、マタイを見て「**わたしに従いなさい**」と声をかけると、マタイは立ち上がってイエスに従ったとされます。ほかにも弟子との出会いが福音書のなかに散見されます。

イエスが選抜した12人の弟子たち

ペトロとアンデレ、ヤコブ、ヨハネを最初として、以降多くの弟子たちがイエスに付き従った。イエスはそうしたなかから12人を選抜したという。

ペトロ

ガリラヤの漁師を出自とする十二使徒の筆頭格。本名はシモンだが、イエスから「ケファ（岩）」の名を授かり、のちにペトロと呼ばれ、初代ローマ教皇となる。

アンデレ

ペトロの弟で同じく漁師を出自とする。「ヨハネによる福音書」では、洗礼者ヨハネの弟子だったとされる。処刑に際して架けられたというX字型の十字架がシンボル。

ヤコブ

気性が荒いことから「雷の子」と呼ばれる、重要な場面でイエスに同伴を許された弟子で、のちにスペインの守護聖人となった。

ヨハネ

ヤコブの実弟でガリラヤの漁師。使徒の中では最年少とされるが、イエスが最も愛した弟子ともいわれる。パトモス島にて「ヨハネの黙示録」を描いたとされる。

マタイ

ローマ帝国に仕える徴税人。イスラエルの民を裏切った者と忌み嫌われていたが、イエスに見いだされ、その弟子となった。

トマス

疑り深い人物とされ、イエスが復活したことをなかなか信じることができなかった。ガリラヤの出身といわれるが、正確な場所は不明。

バルトロマイ（ナタナエル）

フィリポの導きでイエスに出逢い、その言葉と奇跡に感服して弟子となった。のちにインドでの伝道の際、皮剝ぎの刑となる。そのため絵画では自身の生皮を持っていることがある。

シモン

ガリラヤの出身であろうが、正確なことはわかっていない。ユダヤの独立運動を行う武闘派である熱心党に属していた人物。

タダイ

シモンらと同じくガリラヤの出身。「ユダ」とも呼ばれる人物であるが、イスカリオテのユダとは別人。新約聖書に収録される「ユダの手紙」はおそらく彼の手によるもの。

フィリポ

ベトサイダ出身。イエスに感化されて弟子入りすると、バルトロマイにイエスに会うよう勧めた。

小ヤコブ

シモンらと同じくガリラヤの出身。ヤコブとは別人で、タダイと兄弟とされ、「ヤコブの手紙」の著者とされる。

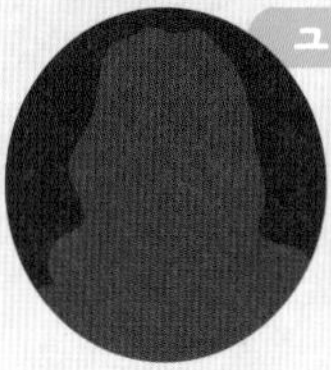

ユダ

ガリラヤ湖周辺を出身とするほかの11人とは異なり、死海東方のケリヨトの出身。弟子たちの会計を担当していたとされ、過越の晩餐ののち、師を裏切る。

聖書豆知識

イエスは弟子の中から12人を選び「使徒」と名付けて穢れた霊を払う力を与え、彼らを地方へ伝道に向かわせました。12人はペトロら４人のほか、トマス、熱心党のシモン、徴税人のマタイ、小ヤコブ、イスカリオテのユダ、バルトロマイ、タダイ、フィリポです。

山上の説教

イエスは「罪人」に救いの道を開き、人々に神の愛を説いた

弟子を従えたイエスは本格的に布教活動を始めます。

その教えの基本となるのが、ガリラヤの丘の上で行われた山上の説教です。その骨子は「神の国に入る生き方」といえます。

イエスはまず「心の貧しい人々は、幸いである、天の国はその人たちのものである」と説き、続いて悲しむ人、柔和な人、義に飢え渇く人、憐れみ深い人、心の清い人、平和を実現する人、義のために迫害される人が、天の国に入れるとイエスは説きました。

これらは「～の人々は幸いである」と説いており、現世では不幸な境遇にありながらも、正しく生きる人が天の国でどう迎えられるかを説くものです。

「八福の教え」と呼ばれるこの教えは、生きる指針や心の持ち方を示したもので、イエスの教えの核となっています。

イエスが説いた平等の愛

また、イエスはモーセの十戒《じっかい》にある人々が守るべき戒律を独自に解釈し、当時としては革命的な教えとして人々に示しました。

たとえば「目には目、歯には歯」という律法に対しては、イエスは誰かが右の頬を打つなら左の頬も向けなさいと、復讐や償いの要求を否定し、非暴力を説いています。「隣人を愛し、敵を憎め」という律法に対しては、敵を愛し、自分を迫害する者のために祈れと説きました。

この教えの根本にあるのは、人を愛し、尊重する隣人愛です。

イエスは従来の律法が律法を守れない病人や外国人、女性など弱い立場の人を罪人として差別していることを見抜き、平等な神の愛を説いて律法を人々の心に生きる教えとして完成させたのです。

原典を読みたくなる聖書のはなし

山上の説教は、「マタイによる福音書」第５章から第７章にかけてみられます。ただし、イエスは従来の律法を否定しているわけではありません。**「わたしが来たのは律法や預言者を廃止するため（中略）ではなく、完成するためである」**と語っています。厳格な律法に独自の愛の教えをブレンドさせたのがイエスの教えなのです。

3ポイントでわかる聖書

- イエスは生き方の指針、「八福の教え」を説いた。
- イエスは神の平等な愛を説いた。
- イエスは律法を生きた教えとして完成させた。

イエスが山上で人々に語った革命的な教え

イエスは、ガリラヤ湖を望む丘の上で神の国に入るための生き方、八福の教えを説いた。それは律法に基づくユダヤ教の価値観を覆す革命的な教えであった。

〈八福の教え〉

天（神）の国		地上（現世）
天の国はその人たちのもの	←	心の貧しい人々
慰められる	←	悲しむ人々
地を受け継ぐ	←	柔和な人々
満たされる	←	義に飢え渇く人々
憐れみを受ける	←	憐れみ深い人々
神を見る	←	心の清い人々
神の子と呼ばれる	←	平和を実現する人々
天の国はその人たちのもの	←	義のために迫害される人々

地上で蔑まれた人々こそが、天国の住人となる。
地上での悩みは天国では逆転し幸福へと変わる。

〈律法を完成させる〉

律法書の記述	「殺すな。人を殺した者は裁きを受ける」
イエスの教え	腹を立てる者は誰でも裁きを受ける。
律法書の記述	「姦淫してはならない」
イエスの教え	淫らな想いで他人の妻を見る者は誰でも、すでに心の中でその女を犯している。
律法書の記述	「目には目を、歯には歯を」
イエスの教え	悪人に手向かってはならない。誰かが右の頬を打つなら、左の頬をも向けなさい。
律法書の記述	「隣人を愛し、敵を憎め」
イエスの教え	敵を愛し、自分を迫害する者のために祈りなさい。

聖書豆知識
サドカイ派やファリサイ派では、異教の神を信仰する異邦人や、律法を守ることができない病人らを差別していました。とくに病気は罪の穢れの現れと考えられていたのです。イエスはそうしたユダヤ社会の欺瞞を見抜き、虐げられた人々を救いの対象としたのです。

カナの婚礼

母とともに招かれた婚礼の席で、イエスが初めて奇跡を起こす

イエスは人々に愛の教えを説く一方、数々の奇跡を起こしたことで知られます。病人を癒したり、湖の上を歩いたりと、その奇跡は枚挙に暇《いとま》がありませんが、その始まりとなったのが、カナの婚礼です。

イエスはある時、母マリアや弟子と共にカナで開かれた婚礼の宴《うたげ》に招かれました。母マリアは宴の支度を手伝うなか、途中で参列者をもてなすぶどう酒が底をついたため、イエスに相談します。するとイエスは、「婦人よ、私とどんなかかわりがあるのです」と突き放すように答えました。

他人行儀な姿勢は、自分は神と結ばれた関係であり、その関係は肉親を超えることを強調しています。弟子たちにも自分に従う条件として、故郷や財産を捨てることを挙げており、そうした思想が反映されているのです。

しかしマリアはその家の召し使いたちにイエスが何か言いつけたらその通りにするように頼みました。

水がぶどう酒に変化した奇跡

一度は冷ややかに答えたイエスでしたが、清めの石の水甕が置かれているのを見ると、この水甕に水をいっぱいに満たすように告げます。次にその水をくんで宴会の世話役のところに持っていくよう指示しました。召し使いたちがその通りにすると、それをひと口飲んだ世話役が、「あなたはよいぶどう酒を今まで取って置かれました」と、花婿を呼んで感心するほどの素晴らしいぶどう酒に変わっていたのです。

こうしてイエスは人々に最初の奇跡を示して見せました。この奇跡は、神との関係を築くことができなくなったユダヤ教（水）を神の国（ぶどう酒）に変えるというイエスの強い思いを表したものともいわれています。

3ポイントでわかる聖書

- イエスはカナで行われた婚礼に招かれる。
- イエスは水をぶどう酒に変える奇跡を起こした。
- この奇跡の背景にはイエスの思いが暗示される。

原典を読みたくなる聖書のはなし

カナの婚礼の奇跡は、「ヨハネによる福音書」第２章にのみ見られるものです。この福音書はほかの３書とは異なり思想的な展開を見せることから、「第四福音書」と呼ばれます。イエスの神性を独特の手法で主張し、イエスを天と地を仲介する存在と位置付けるなど、ほかとは異なる視点を見せています。

カナの婚礼の奇跡とその意味

イエスはカナで行われた婚礼の宴席において、人々の前で初めての奇跡を起こした。その奇跡にはイエスの活動に関する暗示が秘められているという。

ぶどう酒が足りなくなりました。
婦人よ、私にどんなかかわりがあるのです。
マリア
イエス
新婦
新郎

※絵画：『カナの婚礼』
パオロ・ヴェロネーゼ／
ルーヴル美術館（パリ／フランス）

6つの大きな水甕を水で満たし、宴会の世話役のもとへ運ぶように指示する。

イエスの指示通りにしたところ、中身が水からぶどう酒に変わっていた。

ぶどう酒の奇跡は何を暗示しているのか？

イエスが起こした初めての奇跡には、イエスの今後の活動にまつわる暗示が込められているという。

ぶどう酒
・イエスが目指す神の国
・イエスがもたらす神との新たな契約
水
・形骸化したユダヤ教
・神との関係を補完できなくなったユダヤ教

聖書豆知識 聖書にはイエスが会食する場面が登場します。これは会食を通じて罪人などの弱者を救うという彼の思想を表わしたもの。イエスはユダヤ人から嫌われていた徴税人レビの家で徴税人や罪人と会食をしました。批判する人に対し、私は罪人を改心させるために来たと答えています。

イエスの奇跡

イエスは人知を超える力で、虐げられた人々を癒し続けた

カナの婚礼以降、イエスは各地で数々の奇跡を起こします。

その数はひとつの書物に納めきれないほどと記されるほどでした。

奇跡は、病気やケガを治したり、死者を蘇生させたりといった癒しの奇跡と、カナの婚礼で見せたような自然を操る奇跡のふたつに分類できます。

ガリラヤ湖周辺では、弟子と船に乗った時に暴風雨を止めたり、湖の上を歩いたり、5000人に食事をいきわたらせたりと、自然を操る奇跡をたびたび起こしました。

人々を生き返らせた奇跡

癒しの奇跡も無数に伝えられています。

担架で担がれてきた中風《ちゅうぶ》患者をひと目見て、イエスが「あなたの罪は許された」と言うと、男は立ち上がり、帰ったといいます。

ほかにも、12年間血漏《けつろう》に苦しむ女性に触れて病を治したり、目の見えない人にシロアムの池で目を洗い流すよう命じると、目が見えるようになったりと、病に苦しむ人々を救っています。

悪霊憑きも当時のユダヤでよく知られており、そうした人々に出会うと、イエスは悪霊を払っています。

とりわけ人々を驚かせたのは、墓に葬られて4日も経ってから、死者のラザロを生き返らせたことです。

このような数々の奇跡により、神の子イエスの力が啓示されました。

また、その奇跡によって救われたのも、病人などの社会的弱者や、ローマ人などユダヤ人が憎む相手でした。

イエスはそうした人々に手を差し伸べて癒すことで、律法を盾に弱者を貶《おとし》める社会の矛盾と欺瞞《ぎまん》を露呈させ、異議を呈したのです。

原典を読みたくなる聖書のはなし

イエスはガダラという町で多くの悪霊に取り憑かれ墓場に住まわされている男に出会った際、その悪霊たちを豚の群れに移すという癒しの奇跡を起こしました。

悪霊憑きについては、律法でがんじがらめにされた生活から生じる心的ストレスが原因だったのではないかと指摘されています。

3ポイントでわかる聖書

- イエスは自然を操る奇跡を起こす。
- イエスは病気を癒し、死者を蘇生させる奇跡を起こす。
- イエスは律法を守ることのできない弱者を奇跡で救った。

イエスが起こした奇跡

イエスはカナの婚礼以降、様々な場所で奇跡を起こした。その奇跡は自然に対する奇跡と、人に対する癒しの奇跡に大別することができる。

アビレネ
フェニキア
■重い皮膚病患者を癒す。
■中風になった百人隊長の部下を癒す。
■男性に取り憑いた悪霊を追い払う。
■ペトロの姑を癒す。
■18年間腰の曲がっていた女性を癒す。
◆魚の口から金貨を発見させる。
など
◆空腹の人々にパンと魚を与える。
◆水をぶどう酒に変える。
カファルナウム
カナ
ベトサイダ
ガリラヤ湖
ナザレ
ガダラ
◆ガリラヤ湖の嵐を一喝して鎮める。
◆ガリラヤ湖の上を歩く。
■男に取り憑いた悪魔を祓う。
カイサリア
サマリア
地中海
■生まれつき盲目の人を癒す。
■ベトサダの池で病人を癒す。
■大祭司の手下の切り落とされた耳を癒す。
■ふたりの盲人を癒し、目を見えるようにする。
ヨルダン川
ペレア
エリコ
エルサレム
ベタニア
ベツレヘム
ヘブロン
死海
イドマヤ
◆自然に対する奇跡
■癒しの奇跡

■7つの悪霊を追い払う

※絵画：『マグダラのマリアの改宗』
グイド・カニャッチ／ノートン・サイモン美術館（パサデナ／アメリカ）

◆ガリラヤ湖の水面を歩く

※絵画：『水上を歩くキリスト』
イヴァン・アイヴァゾフスキー（個人蔵）

■ラザロの蘇生

※『ラザロの蘇生』
セバスティアーノ・デル・ピオンボ／ナショナル・ギャラリー（ロンドン／イギリス）

聖書豆知識

ユダヤ人が憎むローマ人もイエスにとっては救いの対象でした。ある日、ローマの百人隊長が中風に苦しむ部下の癒しを依頼してきた際には、百人隊長の家へと向かおうとし、隊長がイエスに配慮して言葉だけで癒してほしいと言うと、イエスは感心して部下を癒したのでした。

イエスの教えがわかるたとえ話

イエスはその教えをよくたとえ話を用いてわかりやすく語りました。その理由としてイエスは、「見ても見ず、聞いても聞かず、理解できないから」と答えています。日常生活や身近な経験を盛り込んだたとえ話を用いることで、より多くの人に理解してもらいたいと考えたのです。

※善《よ》きサマリア人

追いはぎに襲われたユダヤ人の旅人が倒れていましたが、通りかかったユダヤ教の祭司もレビ人も同胞でありながら無視します。3番目に通りかかったのは、ユダヤ人が蔑むサマリア人でした。しかし、彼だけが旅人を介抱し、宿屋へ運んだのです。さて、真の「隣人」とは誰でしょうか?

イエスはこのたとえ話を通じて、真の隣人とは宗教や人種を超えたものと説きました。

『善きサマリア人』フィンセント・ファン＝ゴッホ

※失われた羊のたとえ

100匹の羊のうち、1匹の羊が迷子になると、羊飼いはその羊を必死に探しました。やがてその羊を見つけた羊飼いは大喜びします。

これは多くの正しい人より、ひとりの罪人が悔い改めることが神の喜びであることを示したたとえです。

※種まく人のたとえ

道端に落ちた種は鳥に食べられ、石地に落ちた種は芽が出たがすぐに枯れ、茨の間に落ちた種は伸びることかできず、よい土地に落ちた種だけが百倍の実を結びました。

神の言葉を実践するかどうかはその人の心のありようによると説くたとえ話です。

『種をまく人（ボストン版）』ジャン＝フランソワ・ミレー

※放蕩《ほうとう》息子のたとえ

裕福な農民のふたりの息子のうち、財産を分けてもらい、家を出た弟が放蕩の末、無一文になって戻ってきました。「私は間違っていた」と泣きつく息子を、父は責めることなく出迎えましたが、孝行息子の兄は不満を持ちます。これに対し父親は、「死んだと思っていた弟が帰ってきたのだから喜ぶのは当たり前だ」と答えます。

悔い改めれば許されるという神の愛を示すたとえです。

『放蕩息子の帰還』レンブラント・ファン・レイン

※賢い乙女と愚かな乙女

賢い乙女たちと愚かな乙女たちが花婿の到着を待っていました。花婿の到着が遅れ灯の油が尽きましたが、賢い乙女は予備の油を使います。予備の油を持たない愚かな乙女は油を買いに走りましたが、宴には間に合わず、締め出されてしまいました。

信仰に対する心構えも同じように、準備（信仰心）が必要と語るたとえです。

『賢い乙女と愚かな乙女』ウィリアム・ブレイク

イエスの教えがわかる論争物語

イエスの説く教えは斬新で、従来のユダヤ教の教えとは異なるものでした。そのためイエスは、たびたびユダヤ教の保守派に論戦を挑まれましたが、様々な論法とその教えを披瀝することによってこれを撃退しています。

これらは論争物語と呼ばれ、これらを読むことによってもイエスの教えを理解することができるのです。

安息日論争

イエスと弟子たちが、
安息日に麦の穂を摘んで食べた。

ファリサイ派

安息日にしてはならないことをしている。

ダビデも空腹のときにはともの者とともに供えのパンを食べている。安息日は人のために定められた。人が安息日のためにあるのではない。

イエス

不浄の食事論争

イエスの弟子のなかに手を洗わずに
食事をする者がいた。

ファリサイ派

なぜ、あなたの弟子たちは律法に従わず、汚れた手で食事をするのですか？

外から人の体に入るもので人を汚すものは何もなく、人の体のなかから出るもの（姦淫、殺意、盗み、妬みなど）が、人を汚すのだ。

イエス

罪人論争

イエスは歩くことのできない
患者に向かって、
「あなたの罪は赦される」と宣言した。

律法学者

なぜこの人はそんなことを言えるのか。罪を赦せるのは神だけである。これは神に対する冒瀆である。

脚の悪い人に「罪は赦される」と言うのと、「起きて床（担架）を担いで歩け」と言うのと、どちらが易しいか。

イエス

徴税人との食事論争

イエスは徴税人の家で
罪人とともに食事をしていた。

ファリサイ派

どうして憎むべき徴税人や汚れた罪人と一緒に食事をするのか。

医者を必要とするのは、丈夫な人ではなく病人である。私が来たのは正しい人を招くためではなく、罪人を招くためである。

イエス

フィリポ・カイサリアの出来事

イエスへの信仰告白を行ったペトロに、天国の鍵が与えられる

伝道に身を捧げてきたイエスと弟子たちが、ガリラヤから北のフィリポ・カイサリアに至った時のこと。イエスは弟子たちに「人々は私のことを何者だと言っているか」と問いかけました。

弟子たちが口々に「洗礼者ヨハネ」「預言者」と答えると、イエスは「あなたがたは私を何者だと言うのか」と尋ね、ペトロが「あなたはメシア、生ける神の子です」と答えます。これはイエスが自分たちを救済してくれるメシアであること、神を信じるという信仰告白でした。

この答えを喜んだイエスは、「あなたはペトロ（岩）。私はこの岩の上に私の教会を建てる。あなたに天国の鍵を預ける」と、ペトロの信仰を讃えました。

光り輝きモーセらと語るイエス

しかしこの後、イエスは信じがたい告白をして弟子たちを驚かせます。

自分はエルサレムに行き、長老や律法学者、祭司長などから苦しめられて殺されるが、3日後に復活すると告げたのです。

ペトロは慌てて苦難を避けてほしいと願いますが、イエスは「サタン、引き下がれ。あなたは私の邪魔をする者。神のことを思わず、人間のことを思っている」と叱りました。

ペトロの願いはイエスの覚悟を邪魔する誘惑だったのです。

それから6日後、イエスはペトロ、ヤコブとその兄弟ヨハネを連れて高い山に登ります。すると突然イエスの顔が輝いたかと思うと、はるか昔の人であるモーセとエリヤが現れ、3人でイエスの死について語り合ったのです。

話し終えると、イエスは感激しているペトロらに、この不思議な現象を誰にも話さないようにと告げました。

3ポイントでわかる聖書

- ペトロがイエスに信仰告白を行う。
- イエス、自らの受難（死）と復活を予告する。
- イエス、高い山で光り輝き、モーセ、エリヤと語る。

原典を読みたくなる聖書のはなし

「サタン」とまで言われたペトロですが、彼同様、師の教えを理解していない弟子たちの様子が福音書に散見されます。「マルコによる福音書」第10章には、ヤコブとヨハネが、「師の左右に座らせてほしい」と、イエスのもとでの権力を欲する場面がみられます。これを聞いたほかの者たちも憤り、イエスの叱責を受けたのでした。

ペトロの信仰告白とイエスの変容

フィリポ・カイサリアにおいて、ペトロは信仰告白を行った。これに対しイエスは自身への迫害と最期を予告し、新約聖書はイエスの受難物語へと移っていく。

イエスの変容

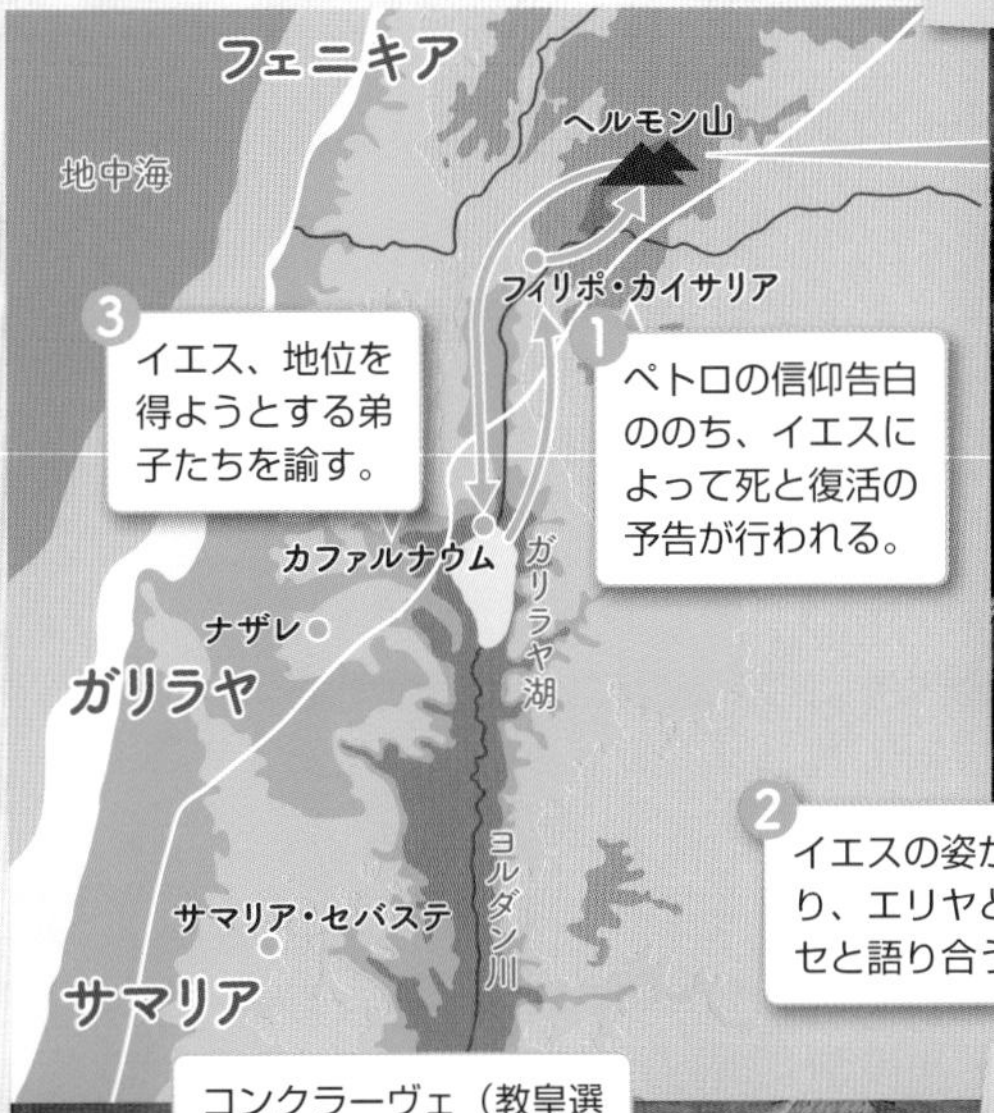
フェニキア
地中海
ヘルモン山
フィリポ・カイサリア
カファルナウム
ナザレ
ガリラヤ
ガリラヤ湖
ヨルダン川
サマリア・セバステ
サマリア
3 イエス、地位を得ようとする弟子たちを諭す。
1 ペトロの信仰告白ののち、イエスによって死と復活の予告が行われる。

2 イエスの姿が変わり、エリヤとモーセと語り合う。

※絵画：『イエスの変容』ラファエロ・サンツィオ／ヴァチカン美術館（ヴァチカン）

ペトロの信仰告白

コンクラーヴェ（教皇選挙会議）が行われる聖堂。
ユダ
イエス
ペトロ
イエスがペトロに天国の鍵を与えるシーン。
頭部に光輪が描かれているのが使徒とイエス。

※絵画：『聖ペテロへの天国の鍵の授与』ペルジーノ／システィーナ礼拝堂（ヴァチカン）

聖書豆知識

イエスの変容後、一行はガリラヤを南下し、エルサレムへ向かいます。道中イエスは、ベタニアに暮らすマルタとマリアの家を訪ねました。彼女たちはイエスが蘇生させたラザロの姉。マルタは食事の世話をし、マリアは高価な香油をイエスに注ぎ、最大の敬意を示しました。

今が分かる聖書の読み方❹

ジェンダー論

ある意味極端なキリスト教原理主義文化を持つアメリカ社会において、最近特に問題視されているのが、人工中絶への賛否やジェンダー論、そして性的なマイノリティーへの差別などの問題です。

この種の問題は、近代以降、特にごく最近表面化し、国際社会に大きな影響力を持つアメリカにおいて社会問題に発展したために、日本でも知られるようになってきました。たしかに、人間平等論を強調することで、現代社会が抱える問題の解決に益することは論を待ちませんが、同時に新たな社会的な矛盾や問題が生じることもまた、事実といえるでしょう。

たとえば、女性差別社会における女性の権利の拡大化は非常に重要なことです。また、LGBT など性的少数派の人々の権利をどう保障するかの問題などは、まさに新しい問題ともいえます。いずれにしても、人々への過剰な抑圧、たとえば神が定めた性以外は認めない、という発想は聖書の人間創造譚に負っている点が少なくありません。さりとて聖書はそのような人々を抑圧せよと教えていません。つまり、これらは現代人の解釈であり、その解釈を社会情況により改めることが重要といえるでしょう。

また、聖書を社会的な基本としていない日本のような国とアメリカの情況との歴史的・文化的背景の違いについても意識しておく必要があるでしょう。

第2部
新約聖書

第3章
受難物語
—神と全人類の新しい契約のために救世主が受け入れた悲劇的最期

解説

ガリラヤでの伝道でその名をユダヤに知られるようになったイエス。一方でユダヤ教の保守層は彼の革命的な教えに警戒心を抱き、それはいつしか憎しみへと変わっていました。
そうしたなかイエスはエルサレムへ上り、メシアとして歓迎を受けます。しかし、民衆が待望するメシアとイエスのメシア像には大きな隔たりがありました。やがて人々の期待は憎悪へと変わり、イエスは十字架上での死へと向かいます。

でたどる新約聖書のあらすじ③

エルサレム入城後、磔刑にされたイエスが復活するまで

I エルサレム入城

評判を高めたイエスは、ロバに乗ってエルサレムへ入城し、民衆から救世主として歓迎を受ける。

(▶P108)

II 最後の晩餐

イエスは弟子たちと過越の晩餐を行った際、自身の死と弟子の裏切りを予告する。

(▶P110)

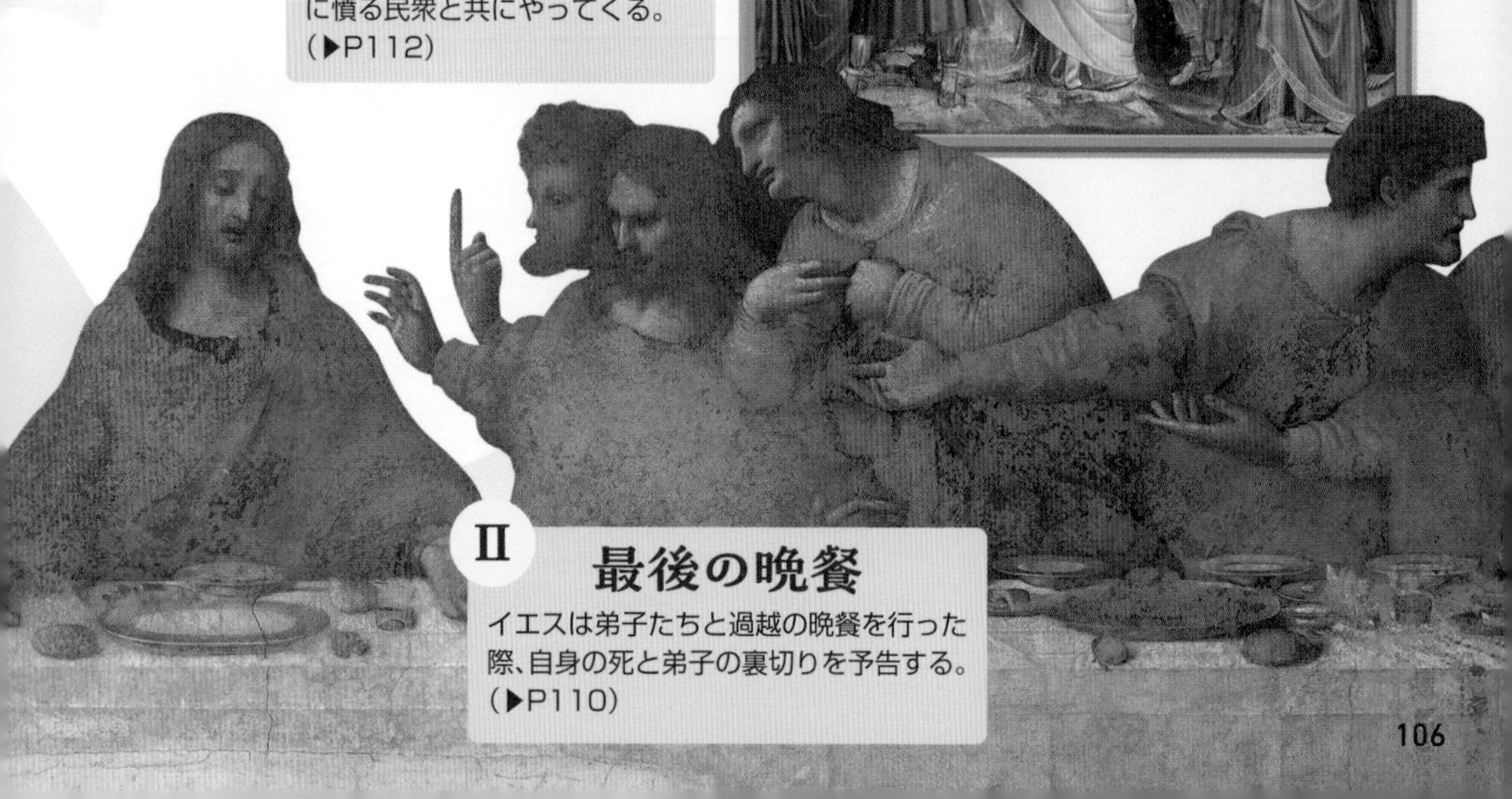

III イエスの捕縛

ゲツセマネでの祈りを終えたところへ、裏切ったユダがイエスに憤る民衆と共にやってくる。

(▶P112)

IV イエスの裁判（カイアファの裁判）

捕らえられたイエスは大祭司カイアファの尋問を受け、自身がメシアであることを公言し、総督に引き渡される。

(▶P114)

西洋絵画

V

ピラトの裁判

ローマのユダヤ総督ピラトはイエスを無実と直感したが、民衆に判断を委ね、イエスの死刑が確定する。

（▶P114）

イエスの埋葬と復活

イエスの埋葬から３日目に、マグダラのマリアの前に姿を現したイエスは、その後弟子たちに教えを授けて昇天する。

（▶P118）

VII

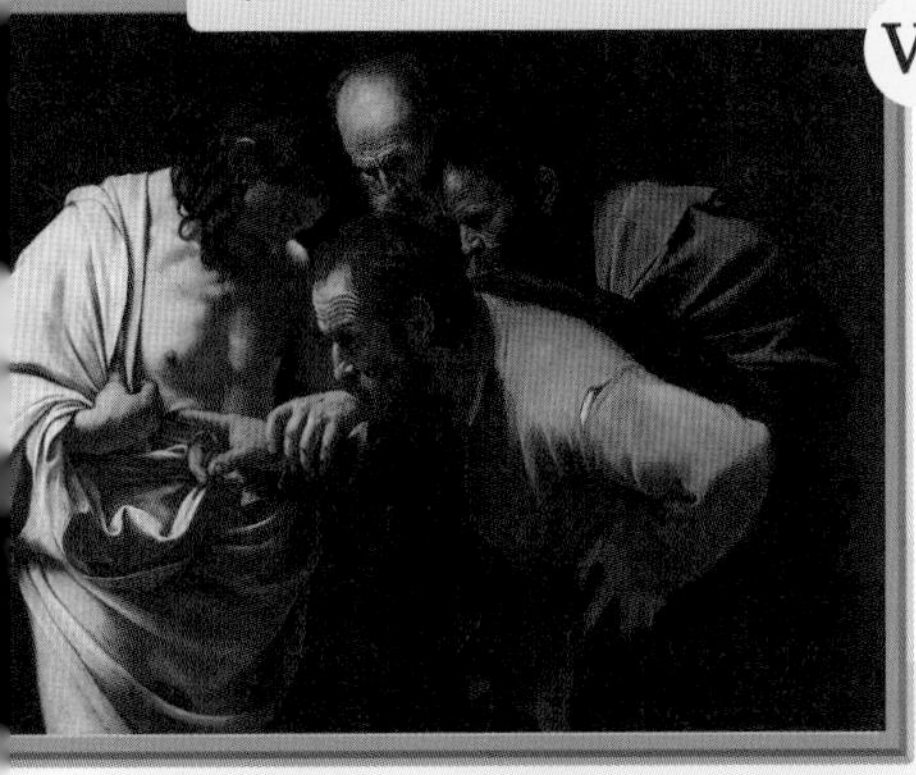

VI

イエスの磔刑

イエスはゴルゴタの丘で十字架に架けられる。人類の罪を背負ってイエスが死を迎えたことで、神と全人類の間に新たな契約が結ばれる。

（▶P116）

エルサレム入城

イエス一行はメシアの到来を具現化しつつ、聖都に入城する

イエスはフィリポ・カイサリアでの予告通り、過越祭《すぎこしさい》をエルサレムで過ごすため、弟子たちと共にエルサレムに向かいました。

エルサレム近郊のオリーブ山の麓の村まで来た時、イエスは弟子たちにロバを連れてくるよう命じます。

こうしてイエスは、ロバに乗ってエルサレム神殿の黄金門から入城しました。ガリラヤでの伝道活動によってイエスの名はユダヤでも評判になっており、エルサレムの人々は、メシアがロバに乗ってくるという預言の成就だと捉え、イエスを賛美して迎え入れます。

神殿での商売に憤ったイエス

エルサレムの神殿は、南北500m、東西300mもある壮大な建築物で、ユダヤ人にとって信仰の中心でした。ところが翌日、神殿に詣でるため境内に入ったイエスは驚愕します。境内には店が所狭しと軒を連ねていたのです。

当時、神殿の境内では、遠方からの参詣者に生贄《いけにえ》とする動物を売る商人や、ローマの銀貨を律法で認められるユダヤの硬貨に換える両替商が、商売をしていました。彼らは神殿の祭祀に欠かせない存在となっていたのです。

しかしイエスは神殿という神聖な場で商売をすることは神を軽んじているに等しいと憤り、意外な行動に出ます。

縄で動物を追い出し、両替商の店の台をひっくり返したのです。そして、「私の家は、祈りの家でなければならない」「あなたたちはそれを強盗の巣にした」と、商人たちを糾弾しました。これを宮清めといいます。

しかしこうした行為はユダヤ教の指導者たちの神経を逆なでしました。彼らはイエスを陥れようと、立て続けにイエスに論戦を仕掛けるようになります。

3ポイントでわかる聖書

- イエスはロバに乗ってエルサレムに入城する。
- エルサレムの人々は、イエスをメシアとして歓迎した。
- イエスは神殿で商売を行う商人に激怒し、追い払う。

原典を読みたくなる聖書のはなし

旧約聖書のメシアにまつわる預言とは、「ゼカリヤ書」第9章にある預言のこと。それは、**「娘シオンよ、大いに踊れ。娘エルサレムよ、歓呼の声をあげよ。見よ、あなたの王が来る。彼は神に従い、勝利を与えられた者。高ぶることなく、ろばに乗って来る。雌ろばの子であるろばに乗って」**というものです。

演出されたイエスのエルサレム入城

イエスは旧約聖書の預言に基づき、ロバに乗って黄金門よりエルサレムへ入城した。救世主としてやってきたイエスを、エルサレムの人々は歓喜をもって迎えている。

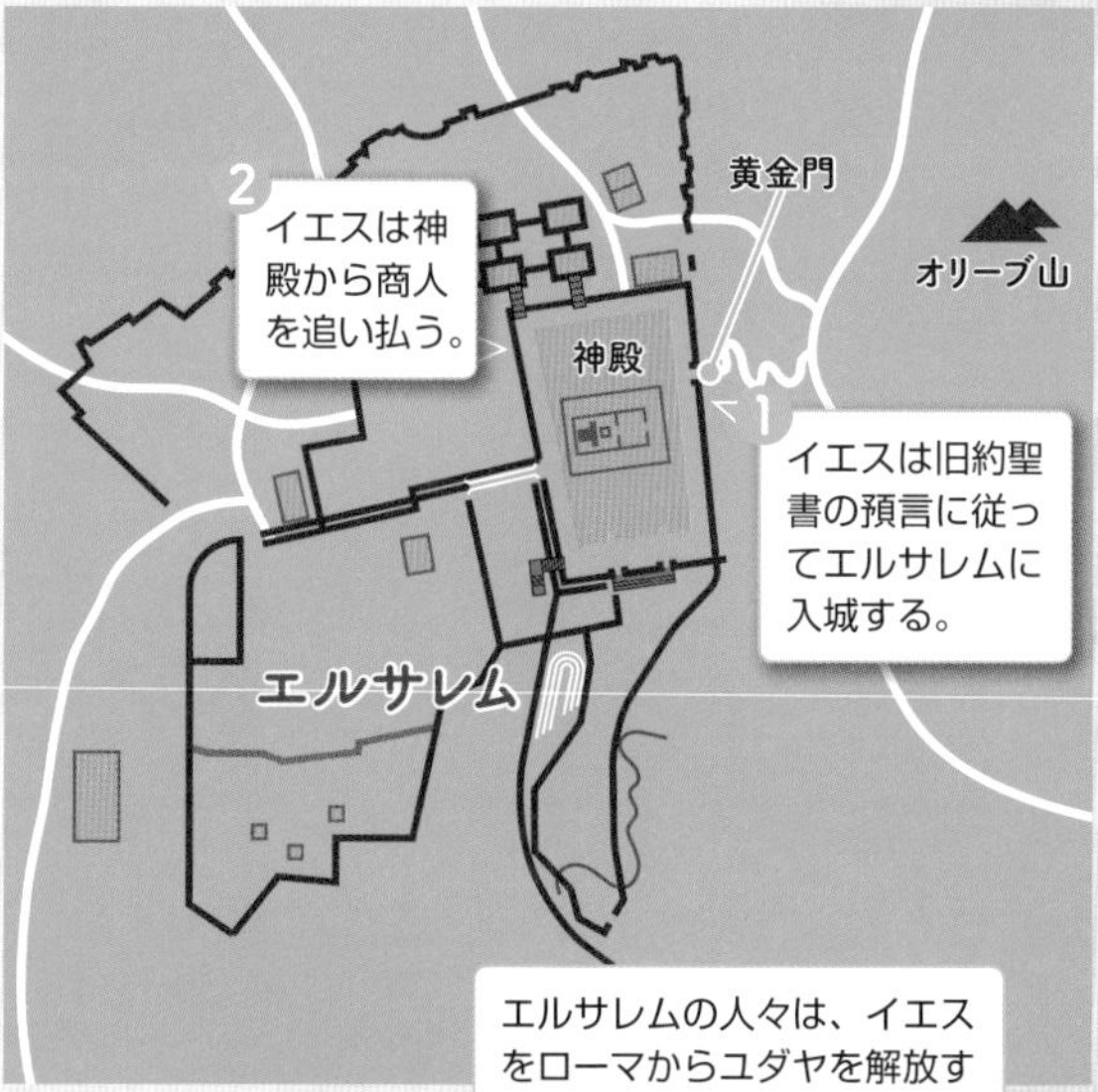
2
イエスは神殿から商人を追い払う。
黄金門
オリーブ山
神殿
1
イエスは旧約聖書の預言に従ってエルサレムに入城する。
エルサレム

旧約聖書の「ゼカリヤ書」には、「見よ、あなたの王が来る。……高ぶることなくろばに乗って来る。雌ろばの子であるろばに乗って」という預言が記されている。
エルサレムの人々は、イエスをローマからユダヤを解放する救世主として歓迎していた。
エルサレム神殿
黄金門
イエス
葉のついた枝を携える男性。聖書には人々が葉のついた枝を切って敷いたとあり、その植物は棕櫚の木とされている。
イエスは「天上の国」を象徴する鮮やかな青の衣をまとう。
群衆のなかには自身の服を地面に敷いて迎える者もいたという。

※絵画：『キリストのエルサレム入城』シャルル・ル・ブラン（サン・テティエンヌ現代美術館）

聖書豆知識 ある時、ユダヤ教の律法学者らが姦淫の罪を犯した女性を捕え、石打ちにするべきかとイエスに論戦を挑みます。イエスが「あなたたちの中で罪を犯したことのない者が、まず、この女に石を投げなさい」と群衆に言うと、身に覚えのない人はおらず、皆、姿を消したのでした。

最後の晩餐

過越の晩餐の席上、イエスは弟子たちの裏切りを予告する

過越祭の日の夜、12人の弟子はイエスに命じられ晩餐の用意をしました。

イエスはこれが最後の晩餐になると悟っていました。

夕食前、イエスは弟子たちの足を洗ってやります。当時、客の足を洗うのは奴隷の仕事とされていたため、弟子たちはイエスを止めようとしました。イエスはここで自分が足を洗うことで、謙遜の姿を、身をもって弟子たちに伝えたのです。

やがて食事が始まると、イエスはこの中に自分を裏切る者がいると衝撃の事実を口にします。「ヨハネによる福音書」では、「私がパン切れを浸して与えるのがその人だ」と言い、パンをユダに与える描写が見られます。そして、「しようとしていることを、今すぐ、しなさい」と言うと、誰もその意味を理解できませんでしたが、ユダだけが部屋を出ていきました。

新しい契約を示すワインとパン

その後の食事ではキリスト教において重要な儀式の起源が語られます。

イエスはパンを手に取ると、神に賛美の祈りを唱えてパンを割き、弟子に渡しながら、「これは私の体である」と言います。さらにぶどう酒の入った杯を弟子に渡すと、今度は「罪が赦されるように、多くの人のために流される私の血、契約の血である」と言い、分け与えたのです。

これらを口にすることは神の子の血肉を体内に入れる聖体拝領であり、今も聖餐式《せいさんしき》として行われています。

そしてイエスは自らが流す血により神との新しい契約が実現すると宣言します。これは人類の贖罪《しょくざい》と、人間と神との新しい契約のためにイエスが犠牲になることを表していました。

原典を読みたくなる聖書のはなし

最後の晩餐においてイエスは弟子たちに**「皆わたしにつまずく。（……）わたしは羊飼いを打つ。すると、羊は散ってしまう」**と告げ、弟子たちが離散することを預言します。ペトロは**「私はつまずきません」**と反論しましたが、**「あなたは（……）３度わたしのことを知らないと言うだろう」**とイエスは静かに告げたのでした。

3ポイントでわかる聖書

- 過越祭の夜、イエスは弟子たちと最後の晩餐を行う。
- 晩餐の席でイエスは裏切り者の存在を告げる。
- イエスは弟子たちにパンとワインを肉体と血として与える。

キリスト教の儀式の起源となった最後の晩餐

過越祭の晩、イエスは弟子たちとともに過越祭の夜を祝う晩餐を行い、パンを自分の肉、ぶどう酒を自分の血として弟子たちに与え、自らが流す血により新しい契約が実現すると宣言する。ここでイエスは弟子たちのなかに裏切り者がいるという衝撃の事実を告げた。

オリーブ山
ゲツセマネ
神殿
3
ゲツセマネへ赴く。
ベタニア
エルサレム
高間
1
過越の晩餐の準備をする。
2
イエス、12人の弟子と最後の晩餐を行う。

小ヤコブ
ペトロ
トマス
タダイ
バルトロマイ
ヨハネ
イエス
ヤコブ
マタイ
アンデレ
ユダ
フィリポ
シモン

最後の晩餐の準主役ともいえるユダ。右手にイエスを売ることで得た銀貨30枚の入った布袋を握りしめている。従来の絵画ではユダだけがはっきり区別されて描かれていたが、ダ・ヴィンチはほかの使徒と同じライン上に描いている。

〈聖体拝領〉

最後の晩餐は、キリスト教において聖体拝領の起源となった。

パン

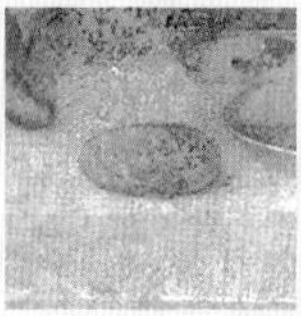

「これは私の体である」

ぶどう酒

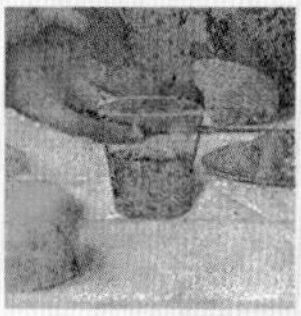

「これは、多くの人のために流される私の血、契約の血である」

※絵画：『最後の晩餐』レオナルド・ダ・ヴィンチ／サンタ・マリア・デッレ・グラツィエ教会（ミラノ／イタリア）

聖書豆知識

最後の晩餐を控えたある時、ベタニアのマリアがイエスの頭に高価な香油を注ぎました。油を注がれるのは選ばれた人です。ただし弟子たち、とくにユダは高価な油を売り、貧しい人に施すべきと訴えますが、イエスは、マリアは私の埋葬の準備をしてくれたと弟子を諫めています。

イエスの捕縛

ゲッセマネの祈りを終えたイエスは、ユダの裏切りで捕縛される

最後の晩餐ののち、イエスは弟子たちを連れてオリーブ山の麓にあるゲッセマネに赴いて、祈りを捧げました。

この時、イエスは人類と神との間の新たな契約のために自分が犠牲になるという運命を受け入れているつもりでした。しかし、

「父よ、できることなら、この杯を私から過ぎ去らせてください。しかし、私の願い通りではなく、御心のままに。」

と、イエスが発する祈りの言葉は、運命との狭間《はざま》で揺れ動く、人としての苦しみを吐露する人間的な告白でした。

ここでイエスは弟子たちのところへ戻りますが、なんと師の苦悩をよそに、ペトロら弟子たちは睡魔の誘惑に負けて眠っていました。

これを見たイエスは誘惑に負けるなと言いおいて再び祈りに行きましたが、また弟子たちは眠ってしまいます。

これを3度繰り返したのち、イエスは弟子たちに「見よ、私を裏切る者が来た」と告げました。

捕縛されるイエス

その時、エルサレムの城門から武器を手にしたユダヤ教の指導者や群衆がイエスに迫りつつありました。

その先頭にいたのはイエスの弟子のユダです。このユダがイエスの手に接吻すると、群衆が一斉にイエスに襲い掛かります。

ユダは「私が接吻するのがイエスだ」と伝えていたのです。

ペトロは剣を抜いて応戦し、大祭司の手下の耳を切り落としましたが、イエスはその行動を制し、耳を癒しました。祈りの力を信じず、剣という俗世の力に頼ったペトロの行動は神への背信といえるものだったからです。

3ポイントでわかる聖書

- イエスはオリーブ山山麓のゲッセマネで祈りを捧げる。
- イエスが祈る間、弟子たちは誘惑に負けて居眠りする。
- イエスはユダの裏切りで捕えられる。

原典を読みたくなる聖書のはなし

ゲッセマネの祈りはマタイ、マルコ、ルカの福音書に記されています。「マタイによる福音書」では第26章36節に始まり、3度にわたる苦悩の祈りが描写されます。唯一「ルカによる福音書」では、苦悩するイエスのもとに天使が現れ、イエスに力と慰めを与えたとしています。

思惑が交錯するイエスの捕縛

初期ルネサンスの巨匠ジョットの作品は、スクロヴェーニ礼拝堂の壁画のひとつ。イエスが逮捕される瞬間の喧騒が、人物の劇的な動作とともに描かれている。

もみ合いの中で、大祭司の手下の耳を切り落としたペトロ。暴力行為はイエスが否定したものであり、ペトロがまだ教えを理解していないことを示している。
ユダはイエスを認めると接吻し、これを合図に民衆が一斉にイエスを取り押さえたという。
イエス捕縛にやってきた民衆。
イエス
ユダ
ペトロ
決起しないイエスにいら立ちを募らせる。
ユダヤをローマの支配から解放してくれる指導者としてイエスに期待する。
売る
イエス
ユダ
民衆
自分たちを脅かす存在と警戒し、殺害を企む。
ユダヤ教指導者層

※絵画：『ユダの接吻』ジョット・ディ・ボンドーネ／スクロヴェーニ礼拝堂（パドヴァ／イタリア）

聖書豆知識
ユダが裏切ったのは、貪欲な人物で銀貨と引き換えだったとも、サタンに取り憑かれたせいとも言われています。ただし「ユダによる福音書」（1970年発見）では、イエスが神の力を示すため信頼するユダに命じ、自身を大祭司に引き渡させたとされています。

イエスの裁判

民衆はイエスに失望し死刑判決を下す

逮捕されたイエスは、ユダヤ教の指導者たちで構成された最高法院の裁判を受けました。

元大祭司のアンナスの尋問ののち、イエスは大祭司カイアファや律法学者、長老などの前へ引き出されます。彼らはすでにイエスを死刑にすると決めており、その理由となる「神を冒瀆した」という証拠探しが尋問の目的でした。しかし、いくら尋問してもイエスからその証拠が語られることはありません。

そこでカイアファは、「神に誓って答えよ。お前は神の子、メシアなのか」とイエスに尋ねます。これに対しイエスが「その通り」と応じると、カイアファはイエスがメシアを勝手に名乗ったことを罪とし、一同は死刑にすべきだと決議しました。

イエスの処刑を望んだ群衆

翌朝、イエスはローマのユダヤ総督ピラト（ポンテオ・ピラト）のもとへ送られました。最高法院は刑を執行する権利を持たないため、イエスをローマへの反逆者として総督の命で処刑させようとしたのです。

一方、ピラトはイエスが無実だと悟り、エルサレムに滞在中のガリラヤ領主のヘロデ・アンティパスに預けました。しかし、イエスが終始無言を貫いたため、ヘロデは怒り、イエスをピラトのもとへ送り返します。

それでもピラトはイエスを救おうと、過越祭に囚人ひとりを釈放する習慣を利用しますが、群衆はイエスではなく殺人犯の釈放を望みました。エルサレムの人々は、イエスにローマからの解放者としてのメシア像を期待していましたが、一向に立ち上がらないイエスを見限ったのです。

こうして民衆の圧力に押されたピラトは、イエスを十字架の刑に処することにしました。

3ポイントでわかる聖書

- イエスは大祭司らの前でメシアであることを宣言する。
- 群衆もイエスの死刑執行を望む。
- 人々はイエスに反ローマの指導者となることを望んでいた。

原典を読みたくなる聖書のはなし

イエスの処刑が決する裁判は、「マタイによる福音書」27 章 15 ～ 26 節に見られます。群衆に対しピラトが釈放する者の選択を求めるピラトに対し、群衆は祭司長や長老の扇動を受けてイエスの処刑を迫りました。

ピラトは、「この人の血について、私には責任がない。お前たちの問題だ」と、匙を投げたのでした。

イエスの最後と足取りと3度の裁判

ゲツセマネで逮捕されたイエスは、ユダヤ教の元大祭司、大祭司、ローマのユダヤ総督ピラトの裁判を経て死刑を宣告される。その死を決定したのは、イエスをメシアとして歓迎したエルサレムの民衆であった。

殺せ。殺せ。
十字架につけろ!
見よ、
この男だ!
ポンテオ・ピラト
イエス
4

※絵画：『エッケ・ホモ』アントニオ・シセリ／MASIルガーノ（ルガーノ／スイス）

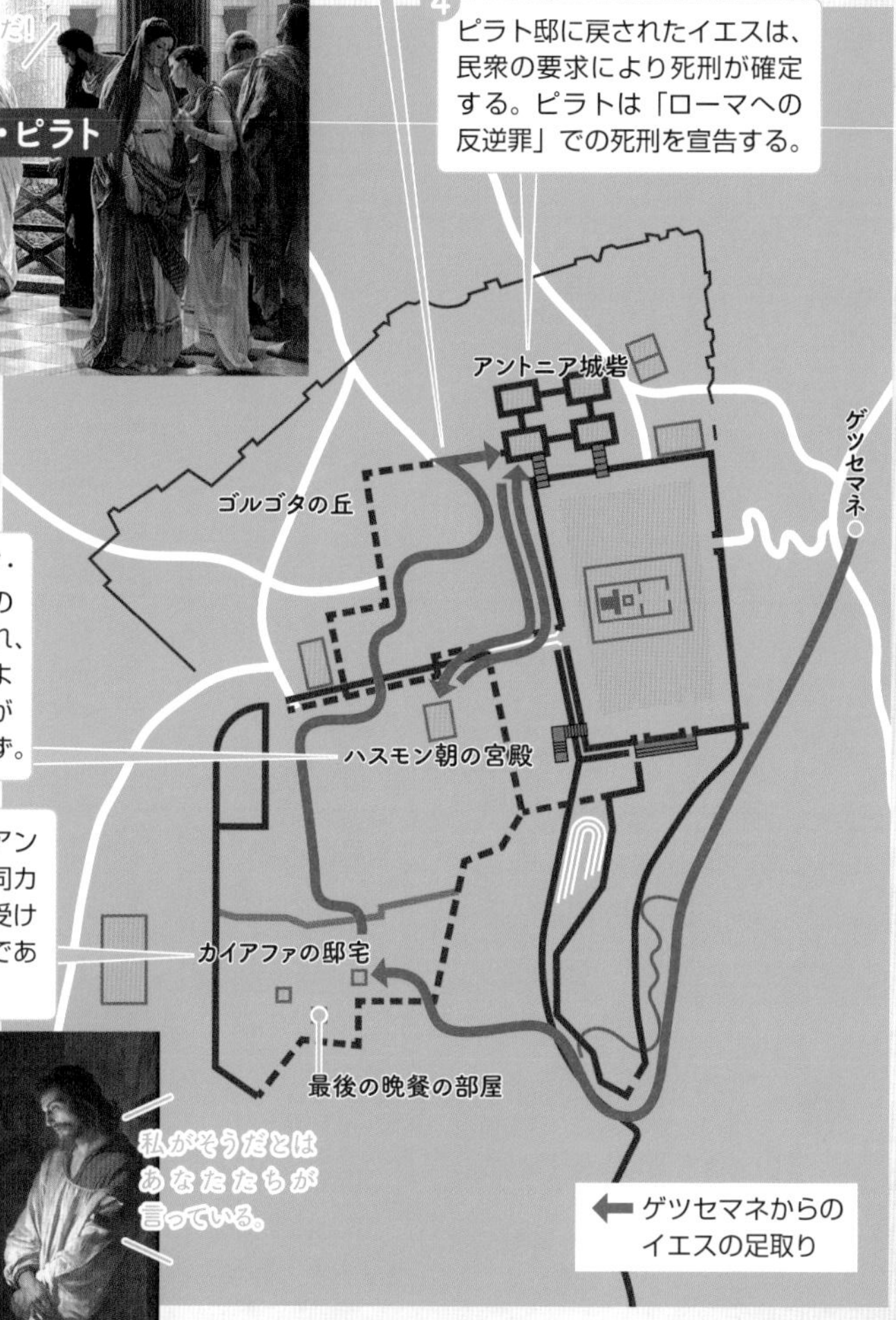
2 イエス、ローマのユダヤ総督ピラトの尋問を受ける。
4 ピラト邸に戻されたイエスは、民衆の要求により死刑が確定する。ピラトは「ローマへの反逆罪」での死刑を宣告する。
3 イエス、ヘロデ・アンティパスのもとへ連行され、奇跡を見せるよう求められるがひと言も発せず。
1 イエス、元大祭司アンナス、次いで大祭司カイアファの尋問を受けるなかで、メシアであると宣言する。
アントニア城砦
ゲツセマネ
ゴルゴタの丘
ハスモン朝の宮殿
カイアファの邸宅
最後の晩餐の部屋
← ゲツセマネからのイエスの足取り

お前は神の子、メシアか?
私がそうだとはあなたたちが言っている。
カイアファ
イエス

※絵画：『大祭司の前のキリスト』ヘラルト・ファン・ホントホルスト／ナショナル・ギャラリー（ロンドン／イギリス）

聖書豆知識 イエスが尋問を受けていた頃、隠れてその行方を見守っていた弟子のペトロは、周りの人々から次々と「イエスの仲間か」と言われ、その都度「知らない」と答え、ついには呪いの言葉まで発しました。「私を知らないと3度言う」というイエスの預言が実現し、ペトロは涙します。

イエスの磔《たっ》刑《けい》

群衆の嘲笑と罵倒のなか、十字架上のイエスが最期を迎える

磔刑に処されることとなったイエスは、ローマ兵に引き渡されます。鞭で打たれて侮辱され、荊《いばら》の冠をかぶせられました。

そして「これはユダヤ人の王」という罪状が書かれた重さ70kgもの十字架を背負わされ、処刑場のあるゴルゴタの丘への道のりを進みます。この時イエスが歩いた道のりは、エルサレム旧市街に「悲しみの道《ヴィア・ドロローサ》」として伝わり、今もキリスト教の重要な巡礼地となっています。

群衆の罵倒《ばとう》と嘲《あざけ》りのなか、重い十字架に押しつぶされそうになりながら歩くイエスを、沿道の母マリアや信者のマグダラのマリアらが嘆きながら見守っていました。

十字架刑に処されたイエス

午前9時、ゴルゴタの丘でイエスの手足に釘が打ち込まれ、十字架が立てられました。ユダヤ人指導者らは、なおもイエスを「神の子ならば下りてこい」「他人は救ったのに、自分は救えないのか」と罵ります。

イエスの十字架の左右には、ともに処刑されるふたりの盗賊の十字架が並びました。そのうち、片方の盗賊がイエスを罵ると、もうひとりの盗賊は、「この方は何も悪いことをしていない」とイエスをかばい、「あなたの御国《みくに》においでになるときには、私を思い出してください」と声をかけました。イエスは「あなたは今日私と一緒に楽園にいる」と答えたといわれます。

正午、あたりが暗闇に覆われると、それが3時間も続き、午後3時、イエスは最期の言葉を口にしました。そしてイエスの絶命の瞬間には、天変地異のような大きな地震が起こり、神殿の垂れ幕が真っぷたつに引き裂かれました。

この光景を目の当たりにしたローマの百人隊長は、「本当に神の子だったのだ」とつぶやいたとされます。

原典を読みたくなる聖書のはなし

イエスの最後の言葉は福音書によって若干の違いがみられます。マルコおよびマタイによる福音書では、**「わが神、わが神、なぜわたしをお見捨てになったのですか」**ですが、「ルカによる福音書」では、**「父よ、わたしの霊を御手にゆだねます」**。そして「ヨハネによる福音書」では**「成し遂げられた」**と記されています。

3ポイントでわかる聖書

- イエスは十字架を背負い悲しみの道を歩いた。
- イエスは、十字架に架けられて最期を迎える。
- イエスの死とともに天変地異が起こった。

ピラト邸からゴルゴタの丘への道

「ヴィア・ドロローサ（悲しみの道）」の道筋には14のステーションが配され、イエスの苦難を伝えている。

エッケ・ホモ教会（旧ピラト邸）
1
2
3
4
5
6
7
8
9
10 11 12 13 14
聖墳墓教会

❶ピラトが民衆の声に押されてイエスを有罪とした場所。
❷イエスが十字架を背負って歩き始めた場所。
❸イエスが最初に倒れた場所。
❹母マリアが十字架を背負うイエスを見た場所。
❺キュレネ人シモンがイエスに変わって十字架を背負った場所。
❻聖ヴェロニカの家の前とされ、ヴェロニカがハンカチでイエスの顔をぬぐった場所。
❼イエスが敷居につまずいて2回目に倒れた場所。
❽イエスが娘たちと語らった場所。
❾イエスが3度目に倒れた場所。
❿イエスが衣を脱がされた場所。
⓫イエスが十字架に架けられた場所で、聖墳墓教会の小聖堂の祭壇にあたる。

⓬イエスが息を引き取った場所。

⓭イエスが十字架から降ろされた場所。

⓮イエスの遺体を墓に納めた場所。

イエスとともに処刑される盗賊たち。

ゴルゴタの丘
第6地点に相当する聖ヴェロニカの姿。彼女が家の前でイエスの顔をハンカチで拭ったところ、ハンカチにイエスの顔が写り、のちにハンカチは聖遺物として伝えられた。

十字架を背負うイエスは、ゴルゴタの丘にたどり着くまでに3度にわたって倒れたという。

イエスの頭には荊の冠がかぶせられている。

※絵画：『十字架の道行き』ジョヴァンニ・バッティスタ・ティエポロ／サンタルヴィーゼ聖堂（ヴェネツィア／イタリア）

聖書豆知識　イエスの女性信者のまとめ役だったのが、マグダラのマリアです。彼女は取り憑いていた7つの悪霊をイエスに追い出してもらって以降、イエスに付き従うようになったとされます。イエスの死を見守り、イエスの復活に立ち会った彼女は、その後、南仏で布教したと伝わります。

イエスの埋葬と復活

復活したイエスは、弟子たちに最後の教えを残して昇天する

イエスの遺体は、その日のうちに埋葬されました。しかし、それから間もなく、イエスの弟子たちの間に師が復活したという噂が立ちます。「ヨハネによる福音書」ではイエス復活の場面を次のように記しています。

マグダラのマリアが墓を訪れると墓の石がよけられ、遺体がなくなっていました。ふと、マリアが墓のなかをのぞくと天使の姿が見えたため、マリアは「私の主が取り去られました」と嘆きます。ここでマリアが後ろを振り向くと、そこにイエスが立っていたのです。「マリア」と呼びかけるイエス。マリアは「ラボニ(先生)」と応じます。そしてイエスは「私の神であり、あなた方の神である方のところへ上ると弟子たちに伝えなさい」と告げました。

イエスの復活に触れた弟子たち

マリアがイエスの復活を弟子たちに伝えると、イエスは弟子たちの前に次々と姿を現します。

しかし当初、弟子たちはイエスの復活を容易に信じなかったようです。

ふたりの弟子は道すがら知り合った男からイエスの復活を聞きますが、信じず、晩餐の席でその男がイエスだと気づきました。また、トマスはほかの弟子からイエスの復活を聞いても信じませんでしたが、現れたイエスが検死の際に槍で開けられた傷口を見せ「信じる者になりなさい」と告げると、ようやく信じています。

そしてイエスは漁をしていたペトロやヤコブらの前にも現れ、最後の教えを説きました。

やがて弟子たちをベタニアの辺りまで導くと、全世界に福音を伝えるように告げます。その後、天がまばゆく輝くと、イエスは弟子たちを祝福しながら、天に上げられていきました。

こうしてイエスは地上での使命を果たし、天の父なる神のもとへと帰っていったのです。

原典を読みたくなる聖書のはなし

「マタイによる福音書」では、イエス復活の報告を受けたユダヤ教の大祭司と長老たちが、報告に来た番兵に金を与えて、弟子たちがイエスの遺体を盗んでいったことにするよう命じています。

これがユダヤ教におけるイエス復活の解釈として定着しました。

3ポイントでわかる聖書

- マグダラのマリアがイエスの復活を目撃する。
- 復活したイエスが、ユダヤ各地で弟子たちの前に現れる。
- 弟子たちに最後の教えを説いたイエスが昇天する。

弟子たちの前に姿を現したイエス

十字架上での死から3日目に、マグダラのマリアの前に現れたイエスは、以降、次々に弟子たちの前に姿を現すようになる。

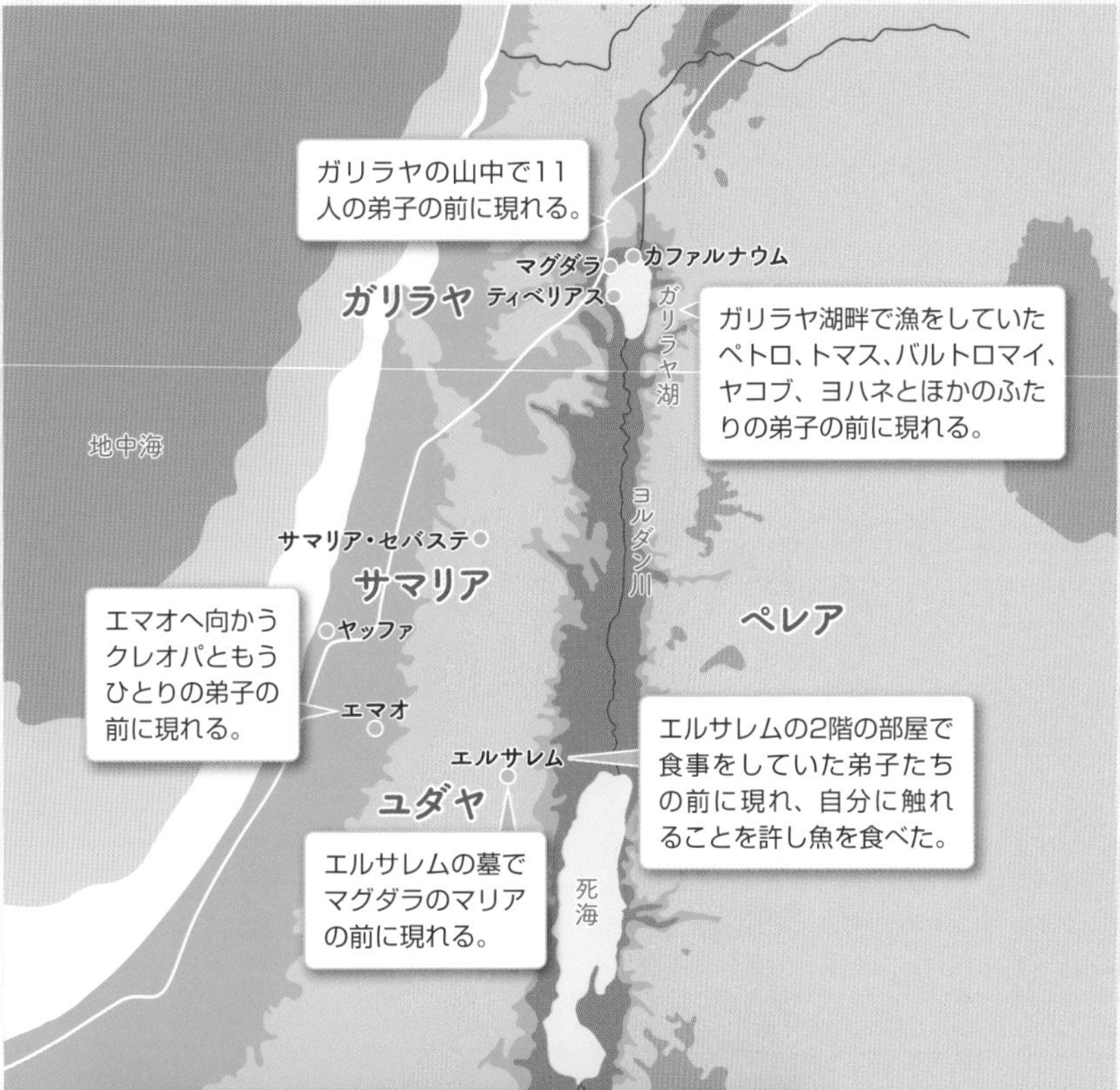
ガリラヤの山中で11人の弟子の前に現れる。
マグダラ
カファルナウム
ガリラヤ
ティベリアス
ガリラヤ湖
ガリラヤ湖畔で漁をしていたペトロ、トマス、バルトロマイ、ヤコブ、ヨハネとほかのふたりの弟子の前に現れる。
地中海
ヨルダン川
サマリア・セバステ
サマリア
ペレア
エマオへ向かうクレオパともうひとりの弟子の前に現れる。
ヤッファ
エマオ
エルサレム
エルサレムの2階の部屋で食事をしていた弟子たちの前に現れ、自分に触れることを許し魚を食べた。
ユダヤ
エルサレムの墓でマグダラのマリアの前に現れる。
死海

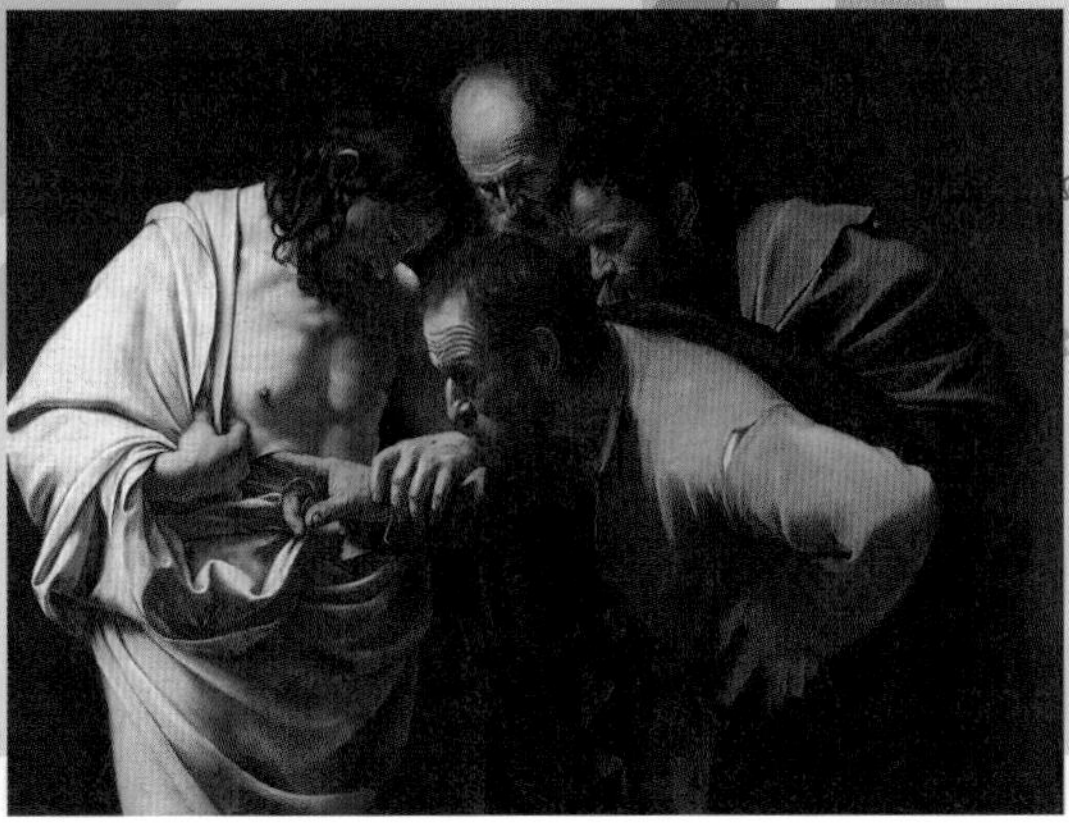

※絵画：『聖トマスの不信』ミケランジェロ・メリージ・ダ・カラヴァッジョ／サン・スーシ宮殿（ポツダム／ドイツ）

聖書豆知識 聖母マリアは地上の人でしたが、処女懐胎を果たし、死後３日目、栄光に包まれて魂も肉体も天に召されました。天に引き上げられたという意味で聖母被昇天と呼ばれています。聖書にはこの記述はありませんが、聖母信仰の高まりとともに伝えられました。

新約聖書のことば

愛の教えを説いたイエスとその弟子たちが紡ぎ出す生きるための糧

人はパンだけで生きるものではない

（「マタイによる福音書」第4章4節／「ルカによる福音書」4章4節）

悪魔の誘惑に対しイエスが述べた言葉。人間が生きていくには、物質的な糧だけではなく、精神的な糧も大切であることを示す。

互いに忍び合い、責めるべきことがあっても、赦し合いなさい。主があなたがたを赦してくださったように、あなたがたも同じようにしなさい。これらすべてに加えて、愛を身に着けなさい。愛は、すべてを完成させるきずなです。

（「コロサイの信徒への手紙」第3章13～14節）

あなたたちの中で罪を犯したことのない者が、まず、この女に石を投げなさい。

（「ヨハネによる福音書」第8章7節）

姦淫の罪で捕らえられた女性を引き立ててきたファリサイ派の人々がイエスに、律法に従えば石を投げろとされているが？と問うた際、イエスはこのように答えた。すると人々はひとりずつ去っていき、女性だけが残ったという。

剣を取る者は皆、剣で滅びる

（「マタイによる福音書」第26章52節）

イエスが捕縛される際、彼を守ろうと大祭司の手下の耳を切り落とした弟子（ペトロ）を制して発した言葉。力で人を制しても、いずれはその報いを受けるという意味である。武力による解決は、敗者はもとより勝者にも痛手をもたらすだろう。

明日のことまで思い悩むな。明日のことは明日自らが思い悩む。その日の苦労は、その日だけで十分である。

（「マタイによる福音書」第6章34節）

悲しむ人々は、幸いである、その人たちは慰められる。

（「マタイによる福音書」第5章4節）

「悲しむ」は、嘆き悲しみに沈んでいる人というよりは、物事を客観的にかつ、悲観的に捉え、神の救済を待ち望んでいる人のことを指す。イエスは、そうした人々が神の救済の対象になると説いた。

あなた方を迫害する者のために祝福を祈りなさい。祝福を祈るのであって、呪ってはなりません。喜ぶ人と共に喜び、泣く人と共に泣きなさい。

（「ローマの信徒への手紙」第12章14〜15節）

憎しみは無限に連鎖する。その鎖を断ち切るためには、誰かが真逆の行動をとらなければならない。イエスはそうした行動を信徒に求めた。戦乱が各地で起こり始めた昨今、当事国の指導者・国民が立ち止まり、思い起こしたい言葉である。

今が分かる聖書の読み方❺

科学と聖書

宗教と科学が対立するものとして位置づけられる近代以降の文明形態では、科学技術の発展に宗教の存在は不要、更には排除すべきもの、少なくとも科学の発展の阻害要因と見做されてきました。

それは、日本でも有名な地動説の逸話で知られるガリレオ・ガリレイへのキリスト教会からの抑圧に象徴されるのですが、しかし、その一方で近代科学の発展には、神による天地創造神話の解釈の転換があったことも忘れてはなりません。

つまり、神の創造であればその痕跡が自然のなかに見いだせるはずであり、それを発見できるのは人間の理性であり、その理性の表れが科学思想であり、科学技術であるという考えです。

この点で注目されるのが、科学者としての有名なアイザック・ニュートンです。彼は多くの科学的成果を生み出しましたが、それを可能にしたのは熱心なキリスト教信仰でありその道徳でした。しかし、近代科学の異常な発達は、キリスト教の教えから乖離《かいり》し、倫理道徳の欠落した情況を生み出しているといえます。つまり、目的意識を欠いた技術至上主義になっているのです。そして、その先にあるのは、人類そのものをも絶滅させかねないモンスター化した科学万能主義の世界かもしれません。その意味で、科学と聖書の教えの関係は再考されるべき時期に来ているのではないでしょうか。

終章

名画でたどる
その後の聖書

—イエスの昇天後、使徒たちはどうやって
キリスト教を世界に広めたのか?

解説

イエスが世を去ったあと、残された弟子たちはユダヤ教の一派としか見做されず、たびたびユダヤ教から迫害を受けていました。
そんな産声をあげたばかりのキリストの教えは、やがてヨーロッパへ浸透し、西洋のアイデンティティを形成するものとなります。キリストの教えはいかにして世界に広まったのか。イエス没後の弟子たちの活動を追っていきましょう。

1 聖霊降臨《せいれいこうりん》

イエス復活後、最初の五旬節《ごじゅんせつ》の日、十二使徒らはエルサレムの家に集っていました。すると天から激しい風が吹き荒れたかと思うと、炎の舌のようなものが一人ひとりの頭上に止まりました。これにより使徒たちは聖霊に満たされ、様々な言語で教えを語れるようになります。彼らの説教に心を打たれて、1日に3000人もの人々がキリスト教の洗礼を受けたといわれます。

エル・グレコ『聖霊降臨』
(プラド美術館／スペイン)

2 ステファノの殉教《じゅんきょう》

原始キリスト教会の会員が増加したため、使徒たちは執事として7人を指名します。そのひとりがステファノ。彼は持ち前のカリスマ性で宣教活動に身を捧げ、ユダヤ人と論争を繰り広げました。それがユダヤ人の恨みを買い、ステファノは捕らえられてしまいます。ステファノは最高法院の判決により、石打ちによって殺害され、最初の殉教者となりました。

アダム・エルスハイマー
『聖ステファノの石打ち』
(スコットランド国立美術館／イギリス)

3 サウロの回心

タルソス出身のサウロは熱心なユダヤ教徒であり、ステファノの殉教の際にも積極的にキリスト教徒を迫害していたといわれます。しかし、ダマスコへ向かう途中、光に打たれて落馬。「なぜ、わたしを迫害するのか」というキリストの声を聞きます。その後、目が見えなくなったサウロはダマスコでキリスト教徒の手によって癒され、回心しました。

ミケランジェロ・ブオナローティ
『サウロの回心』
（パオリーナ礼拝堂／ヴァチカン）

4 パウロの伝道旅行

サウロはパウロと改名し、伝道旅行へ出かけます。第２回目においてはギリシアへ渡ってイエスの教えを伝え、ここにキリスト教がヨーロッパへ伝播しました。彼は３度にわたる伝道旅行のなかで律法を異邦人改宗者に強制せず、イエスの復活を信じることが神の義であるとし、人種・男女の枠を超えたキリスト教を形作っていきました。

ラファエロ・サンツィオ
『アテネで教えを説くパウロ』
（ヴィクトリア&アルバート美術館／イギリス）

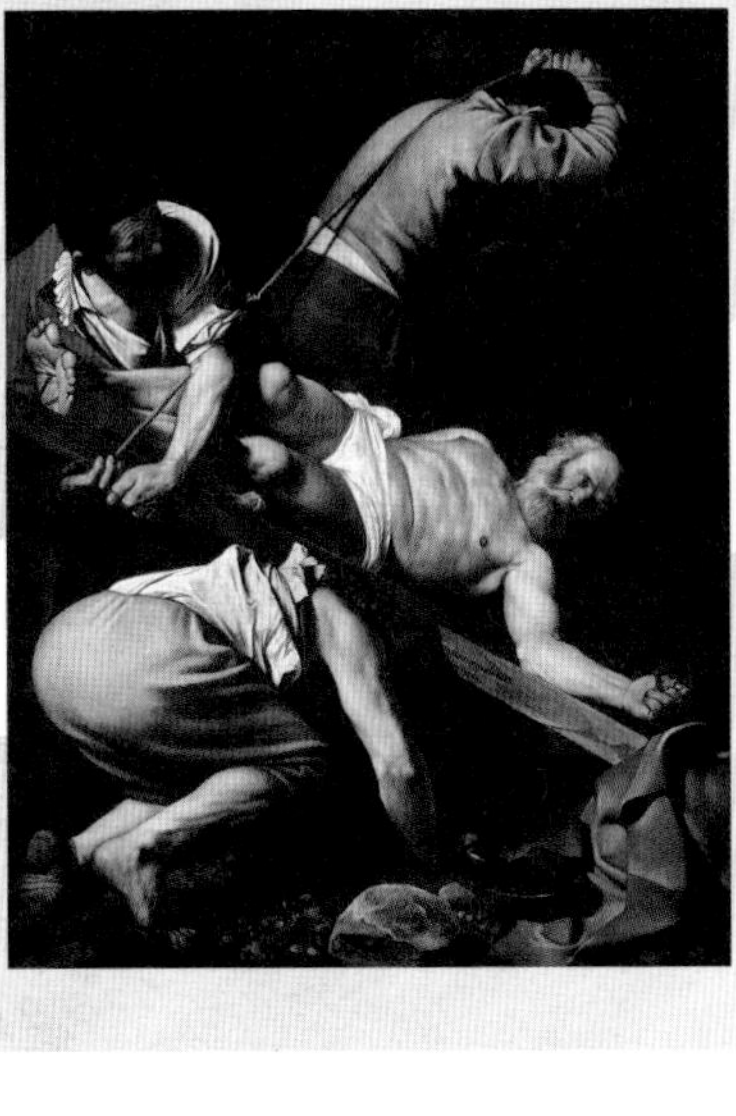

5 使徒たちの殉教

原始教会の中心人物となったのがペトロでした。ユダヤ教徒の迫害にめげず、伝道を行った彼は、のちにローマへ渡り初代教皇となります。しかし、ローマ大火におけるネロの迫害を受けて殉教。そのほかの使徒たちも世界各地にイエスの教えを広めていくなかで、次々に非業の死を遂げていきました。

ミケランジェロ・メリージ・ダ・カラヴァッジョ
『聖ペトロの逆さ磔』
（サンタ・マリア・デル・ポポロ教会／イタリア）

6 ヨハネの黙示録

エーゲ海に浮かぶパトモス島にいたヨハネは、ある時、天使によって天へと上げられ、世界の終末にまつわる幻影を目撃します。それは7つの封印が解かれ、7つのラッパが吹き鳴らされると、悪の都に滅亡の時が訪れるというもの。そして、キリストを信仰しない者たちに苛烈な罰が下されるのでした。最後の審判へと続く「ヨハネの黙示録」は、弾圧下のキリスト教徒を励ますために書かれたとされます。

ヒエロニムス・ボス
『パトモス島の福音伝道者聖ヨハネ』
(ベルリン絵画館／ドイツ)

7 最後の審判

悪が滅んだ後は千年王国の支配が訪れます。この支配は永遠ではなく再びサタンが蘇り世を乱しますが、サタンは天から降り注ぐ火によって滅び、最後の審判が行われます。この時すべての死者が復活し、生前の行いによって裁かれ、天の国の住人に選ばれた者たちは、新しい聖なる都エルサレムに暮らすこととなるのです。

ミケランジェロ・ブオナローティ『最後の審判』
(システィーナ礼拝堂／ヴァチカン)

参考文献

『聖書の世界』 船本弘毅
『旧約聖書の王歴代誌』 ジョン・ロジャーソン、高橋正男監修
『旧約聖書の時代』 ミレーユ・アダス・ルベル、矢島文夫監修、藤丘樹実訳（以上、創元社）
『図説　イエス・キリスト』 河谷龍彦
『図説　聖書考古学　旧約篇』 杉本智俊
『図説　聖書物語　旧約篇』『図説　聖書物語　新約篇』
山形孝夫、山形美加（以上、河出書房新社）
『使徒パウロ 新版―伝道にかけた生涯』 佐竹 明
『カラー版聖書大事典』 荒井章三（以上、新教出版社）
『図説　聖書の大地』 ロバータ・L・ハリス著、大坪孝子訳
『古代世界70の不思議―過去の文明の謎を解く―』
ブライアン・M・フェイガン、北代晋一訳（以上、東京書籍）
『聖書人名事典』 ピーター・カルヴォコレッシ著、佐柳文男訳
『キリスト教を知る事典』 外村民彦
『旧約新約聖書時代史』 山我哲雄、佐藤 研（以上、教文館）
『ビジュアル版　聖書物語』 木崎さと子
『人間イエス』 滝澤武人
『聖書のヒロインたち』 生田 哲
『聖書の奇跡と謎―次々と実証される旧約聖書の世界―』
金子史朗（以上、講談社）
『聖書百科全書』 ジョン・ボウカー編著、荒井 献、池田 裕、井谷嘉男訳（三省堂）
『マグダラのマリア―エロスとアガペーの聖女』 岡田温司（中央公論新社）
『聖書　新共同訳』 （日本聖書協会）
『聖書の謎を解く』 三田誠広（ネスコ）
『図説　聖書』 月本昭男監修（学習研究社）
『目で見る聖書の時代』 月本昭男（日本基督教団出版局）
『イスラエルに見る聖書の世界（旧約聖書編）』 ミルトス編集部（ミルトス）
『聖書を読みとく　天地創造からバベルの塔まで』 石田友雄（草思社）
『科学が証明する旧約聖書の真実』 竹内 均（ザ・マサダ）
『旧約聖書の時代―その語る歴史と宗教』 小嶋 潤（刀水書房）
『旧約聖書の世界―アブラハムから死海文書まで―』 高橋正男（時事通信社）

【監修者略歴】

保坂俊司（ほさか・しゅんじ）

1956年群馬県生まれ。早稲田大学社会科学部卒、同大学院文学研究科修士課程修了。デリー大学に学び、東方研究会・東方学院講師や中村元東方研究所理事を歴任。現在、中央大学国際情報学部教授。専門は比較宗教学、比較文明論、インド思想。『仏教興亡の秘密』（ぷねうま舎）、『国家と宗教』（光文社）、監修に『図解とあらすじでよくわかる「聖書」入門』（光文社）、『地図でスッと頭に入る世界の三大宗教』（昭文社）など多数。

【STAFF】

装丁・本文デザイン／柿沼みさと
本文 DTP／伊藤知広（美創）
編集／株式会社ロム・インターナショナル

ビジュアル版
一冊でつかむ聖書

2024 年 4 月 20 日　初版印刷
2024 年 4 月 30 日　初版発行

監　修	保坂俊司
発行者	小野寺優
発行所	株式会社河出書房新社 〒 151-0051 東京都渋谷区千駄ヶ谷 2-32-2 電話 03-3404-1201（営業） 　　　03-3404-8611（編集） https://www.kawade.co.jp/
印刷・製本	三松堂株式会社

Printed in Japan
ISBN978-4-309-62957-5